시학

Poetics

아리스토텔레스

다락원 | Spark Publishing

SPARKNOTES™ 024

시학

펴낸이 정규도
펴낸곳 (주)다락원

초판 1쇄 인쇄 2009년 8월 21일
초판 1쇄 발행 2009년 8월 28일

책임편집 안창열
디자인 정현석
번역 최기철
표지삽화 손창복

다락원 경기도 파주시 교하읍 문발리 509-1
내용문의: (031)955-7272(내선 400)
구입문의: (02)736-2031(내선 112~114)
Fax:(02)732-2037
출판등록 1977년 9월 16일 제300-1977-23호

Copyright © 2009, 다락원

출판사의 허락 없이 이 책의 일부 또는 전부를
무단 복제 · 전재 · 발췌할 수 없습니다.
잘못된 책은 바꿔 드립니다.

값 7,000원

ISBN 978-89-5995-189-5 43740

http://www.darakwon.co.kr
일이관지(一以貫之) 논술팀이 제시한 실전 연습문제 답안작성
논술가이드는 www.darakwon.co.kr에서 무료 제공합니다.

세계의 교양을 읽는다

고전을 왜 읽는가?

인간의 삶과 세상에 대한 영원한 물음이 있기 때문이다. 시대와 사상을 뛰어넘어 지금 여기 우리에게 필요한 물음이 없는 고전은 더 이상 고전이 아니다. 인간과 삶에 대한 근원적인 물음 없이 고전을 읽는다면 자신과 인간에 대한 성찰과 지혜로 이어지지 않는다. 논술 시험 때문에, 과제물 때문에, 아니면 남들이 읽으니까, 나도 읽는다는 식이라면 그 책은 죽은 책일 수밖에 없다.

고전을 살아 있는 책으로 만드는 이 '물음!'에 답하기 위해서는 좋은 길잡이가 필요하다. 오랜 기간 동안 미국의 고교생과 대학 주니어들이 시험, 에세이 작성, 심층토론 준비를 위해 바이블처럼 애용해온 'SPARKNOTES'와 'CliffsNotes'는 바로 그런 좋은 길잡이의 표본이다. 이 두 시리즈가 원조 논술연구모임인 '일이관지(一以貫之)' 팀의 촌철살인적 해설을 곁들여 논술로 고민중인 대한민국 학생 여러분을 찾아간다.

SPARKNOTES와 CliffsNotes의 가장 큰 장점은 방대하고 난해한 고전을 Chapter별로 요약하고 분석해서 원전의 내용에 보다 쉽고 체계적으로 접근하는 신속·간편성이라고 할 수 있다. 여기에 '一以貫之' 팀이 원전의 중요한 문제의식, 즉 근원적 '물음'은 무엇이며, 그 '물음'은 오늘날에도 여전히 유효한가, 라는 질문을 다시 던진다.

대입논술로 고민하고, 자칭 타칭의 고전이 넘쳐나는 오늘의 독서풍토에서 지적 정복이 긴박한 대한민국 학생들에게 감히 이 시리즈를 자신있게 권한다.

一以貫之 논술연구모임 연구실장 이호곤

차례

이 책의 구성

SPARKNOTES와 CliffsNotes는 방대하고 난해한 원작을 보다 쉽게 이해할 수 있도록 돕는 안내서입니다. 여기에는 원작 이해를 돕기 위해 매 장마다 '요점 정리(또는 줄거리)'와 '풀어보기'가 실려 있습니다. '요점 정리(또는 줄거리)'에는 원저의 내용을 일목요연하게 정리해 놓아 저자가 전달하려는 내용을 어렵지 않게 파악할 수 있습니다. '풀어보기'에서는 철학서의 경우, 원저에 담긴 저자의 사상이나 관련 철학, 시대 상황, 논점 등을, 문학 작품인 경우에는 원작에 담긴 문학적 경향, 등장인물의 심리상태, 주제 등을 설명해 놓았습니다. 분석적이고 비판적인 글읽기의 바탕이 되는 요소들이죠. 비소설이나 소설을 막론하고 분석적이고 비판적인 글읽기는 독자에게 꼭 필요한 자질입니다.

그밖에도 원저를 좀더 깊이 복습해서 제대로 소화할 수 있도록 돕기 위해 'Study Questions'와 'Review Quiz' 등을 마련해 놓았습니다.

* 〈 〉는 철학서, 장편소설, 중편소설, 수필집, 시집. " "는 단편소설, 논문
* 작품명은 독자의 이해를 돕기 위해 예외적인 경우를 제외하고는 영어식으로 표기함.

○ 일이관지(一以貫之) 논술노트

권말에는 일이관지 논술팀에서 작성한 논술노트가 실려 있습니다. 원저를 우리의 삶과 연계시켜 비판적 사고와 논리적 글쓰기의 방향을 제시합니다.

○ 실전 연습문제

논술예제와 기출문제를 통해서는 원작을 바탕으로 출제 가능성이 높은 논점을 함께 숙고해 봅니다.

간추린 명저 노트

플라톤이 〈국가 *Republic*〉 제10권에서 펼친 예술에 대한 비난은 많은 사람들이 잘 알고 있다. 플라톤이 주창했던 형상론*에 따르면 세상의 사물들은 진정한 실체인 이상적 형상의 모방이거나 비슷한 것에 불과하다. 이를테면, 현실 세계의 의자는 의자라는 이상적 형상의 모방이거나 그 형상이 가시화한 사례라는 것. 플라톤의 주장대로라면 예술은 실체로부터 두 차례나 벗어난 것이다. 모방의 모방이기 때문이다. 다시 말해, 의자 그림은 의자라는 이상적 형상의 모방을 다시 모방해서 그려낸 것에 불과하다. 나아가 플라톤은 예술은 인간의 감정을 자극하는데, 그렇게 되면 덕을 함양하기 위해 필수적인 균형 잡힌 사유를 제대로 할 수 없다고 주장했다.

아리스토텔레스의 〈시학 *Poetics*〉은 예술에 대한 플라톤의 비난을 반박하기 위한 것이라고 볼 수 있다. 기원

---

* **형상론**(形相論. Theory of Forms): 물리적 사물들 외에 아름다움과 올바름 같은 형상들이 존재하며, 최고의 단계로 선(the Good)의 형상이 존재한다는 가정을 기초로 한다. 감각으로 지각되는 물리적 세계는 끊임없이 변화하기 때문에 감각적 지식들은 제한적일 수밖에 없지만, 이성으로 파악한 형상들의 영역은 영원불변이다. 따라서 개개의 형상은 이 세계 속에 존재하는 사물들을 특징짓는 범주로서의 본(paradeigma)이며, 사물들은 이 완전한 형상들의 불완전한 모방에 불과하다는 것. 이데아론.

전 384년 그리스 북부에 위치한 마케도니아의 스타기로스에서 태어난 아리스토텔레스는 열일곱 살 무렵에 플라톤의 아카데미아에 입학해서 20여년 뒤 플라톤이 세상을 떠날 때까지 인연을 이어갔고, 그 후 12년 정도는 학문 탐구와 마케도니아를 다스리던 필립(필리포스) 왕의 아들 알렉산더 대왕을 3년간 가르쳤다. 그리고 기원전 335년에 아테네로 돌아와 리케이온을 세워 기원전 323년까지 학생들을 가르쳤으나 당시의 정치적 상황에서 알렉산더의 스승 노릇을 했던 경력이 문제되어 학교를 떠날 수밖에 없는 처지가 되자 가문 소유의 땅이 있던 칼키스로 내려가서 1년여 동안 호젓하게 살다가 세상을 떠났다. 525년까지 학생들을 길러내던 리케이온은 유스티아누스 황제에 의해 폐쇄되었다.

오늘날 우리가 알고 있는 아리스토텔레스의 문헌들 가운데 실제로 그가 펴낸 것은 없다. 그는 실로 많은 논문과 대화집을 집필했지만 모두 소실되었고, 지금까지 전해지는 글들은 특히 리케이온에서 학생들을 가르치기 위해 준비했던 강의노트를 비슷한 주제끼리 묶어 적당한 제목의 책으로 편집하고 일련의 순서에 따라 정리한 것이라고 보면 된다. 따라서 오늘날 그의 이름으로 되어 있는 저작들의 내용은 이따금 명확하지 않거나 불완전한 것이고, 〈시학〉도 원래는 더 길었을 것으로 추정된다. 희극을 다룬 두 번째 책도 집필했을 것으로 추정되지만, 사라지고 없다.

〈시학〉은 그리스 비극을 주로 논하고 있다. 수많은 그리스 극작가들이 수천 편의 비극 작품을 썼지만 지금까지 전해지는 작품은 아이스킬로스, 소포클레스, 에우리피데스가 집필한 33편에 불과하다. 비극은 술과 풍요를 관장하는 디오니소스 신을 기리기 위해 매년 두 차례 아테네에서 열리는 축제 때 공연되었으며, 본래는 계절의 순환을 되새기는 종교적 의식에서 비롯되어 발전한 것으로 보이지만 나중에는 점차 인간의 현실을 담게 되었다. 나중의 변화야 어떻든 디오니소스 신을 기리기 위한 당시의 축제는 극적인 성격이 강했으며 매우 중요한 의미를 지닌 사회적 행사였기 때문에 관객들로부터 호평을 받는 비극 작품의 극작가들은 대단한 명예를 누렸다.

아리스토텔레스는 〈시학〉에서 서사시에 대해 논하면서 오직 호머만 거론하고 있다. 호머는 트로이의 멸망을 다룬 〈일리아드 *Iliad*〉와 그 결과로 인해 오랜 방랑생활에 접어드는 오디세우스의 이야기를 다룬 〈오디세이 *Odyssey*〉를 썼다. 이들 두 편의 걸작 서사시는 수많은 그리스 비극 작품들의 소재가 되었으며, 세계 문학의 초기에 등장한 위대한 작품으로 평가받고 있다.

어떻게 보면 시 자체는 아리스토텔레스가 심혈을 기울였던 분야가 아니었기 때문에 〈시학〉도 주요 저술로 보

기는 어렵지만, 특히 문예부흥운동*에 지대한 영향을 미쳤
다. 그러나 유감스럽게도 후대의 해석자들이 아리스토텔레
스의 제안들을 엄격한 법칙으로 만들어놓았기 때문에 그의
의도와는 달리 드라마의 융통성을 구속하는 부작용을 낳았
다. 특히 라신과 코르네유의 비극 작품들은 그 같은 요구에
잘 따르고 있다. 물론, 셰익스피어를 비롯해서 위대한 극작
가들 가운데 적지 않은 수가 그 법칙들에서 벗어난 작품들
을 쓰기도 했으나 그것들은 19세기까지도 충실히 지켜야
할 전범으로 유지되었다.

---

* **문예부흥운동**(Renaissance): 중세와 근대 사이(14-16세기)에 유럽에서 일어난 문화운
동. 고대 그리스·로마 문화를 부흥시킴으로써 사상·문학·미술·건축 등 다방면에서 새
문화를 창조하려고 했다. Renaissance는 '학문·예술의 재생 또는 부활'이란 뜻의 프랑
스어.

플라톤(Plato. 428?-347 B.C.?): 그리스 철학자. 소크라테스의 제자이자 형이상학의 수립자. 논리학·인식론 등에 걸쳐 광범위한 철학체계를 전개했으며, 이성이 인도하는 것은 모두 따라야 한다는 이성주의적 입장을 취했다. 주요 저서는 〈소크라테스의 변명〉 등.

알렉산더 대왕(Alexander the Great. 356-328 B.C.?): 알렉산드로스 3세. 마케도니아 왕(336-323 B.C. 재위). 유럽·아시아·아프리카에 걸쳐 대제국을 건설했으며, 그리스 문화와 오리엔트 문화를 융합시킨 헬레니즘 문화를 이룩했다.

아이스킬로스(Aeschylus. 525?-456 B.C.): 그리스 비극시인. 비극 발전에 커다란 영향을 미쳤으며, 작품에서는 신과 인간의 정의가 일치한다는 내용을 노래했다. 주요 작품은 〈오레스테이아〉(3부작-아가멤논, 코에포로이, 에우메니데스) 등.

소포클레스(Sophocles. 496-406 B.C.): 그리스 비극시인. 아이스킬로스의 뒤를 이어 그리스 비극을 완성시켰으며, 정치가로도 활약했다. 주요 작품은 〈안티고네〉 등.

에우리피데스(Euripides. 484?-406 B.C.?): 그리스 비극시인. 우연과 무질서, 광기와 열정, 이성이나 도덕에는 무관심한 '힘들'이 작품의 주요소를 이루는 것이 특징이다. 주요 작품은 〈키클로프스〉 등.

호머(Homer. 800?-750 B.C.): 호메로스(Homeros). 그리스 서사시인. 주요 작품은 〈일리아드〉, 〈오디세이〉 등.

라신(Jean-Baptiste Racine. 1639-99): 프랑스 작가. 3통일성의 법칙을 지키면서 정념에 이끌리는 인간을 그린 비극을 집필해 성공을 거두었다. 주요 작품은 〈베레니스〉 등.

코르네유(Pierre Corneille. 1606-84): 프랑스 극작가. 프랑스 고전주의 비극의 창시자이며, 몰리에르 이전에 희극을 확립했다는 평가를 받음. 주요 작품은 〈르 시드〉 등.

셰익스피어(William Shakespeare. 1564-1616): 영국 극작가, 시인. 주요 작품은 4대 비극으로 꼽히는 〈햄릿〉, 〈리어 왕〉, 〈오셀로〉, 〈맥베스〉 등.

시에 대해 논의하자고 제안한 아리스토텔레스는 먼저 시를 말, 리듬, 선율이라는 수단을 사용한 모방의 형태라고 정의한다. 인간은 모방을 통해 성장하기 때문에 자연스럽게 시에 끌리게끔 되어 있다.

아리스토텔레스는 특히 비극에 관심이 많다. 이야기의 구술보다는 극의 형식을 빌리는 비극은 우리보다 잘난 행위자들에 대해 다루면서 연민과 두려움을 불러일으킨 다음, 그런 감정들의 정화를 이끌어낸다. 비극의 구성요소는 여섯 가지다. 1) 미토스, 즉 플롯. '이야기' 또는 '이야기 줄거리'의 뜻. 2) 성격. 등장인물의 말이나 행동을 통해 나타난다. 3) 사고력. 등장인물의 지적 (판단) 능력. 4) 언어적 표현. 5) 노래. 6) 시각적 장면. 사실적이거나 정교하지 않고 간단한 그림이나 소도구들을 이용했다.

좋은 비극이 되려면 무엇보다 플롯의 통일성이 유지되어야 한다. 즉 플롯이 처음부터 끝까지 인과적으로 빈틈없이 잘 짜여진 필연적이거나 개연적인 사건들에 따라 움직여야 한다는 뜻이다. 여기서 처음이란 이전의 사건과는 필연적 관련이 없지만 자연적으로 다른 사건을 일으킬 수 있고, 끝은 그 전의 어떤 사건 다음에 필연이나 보편적 법칙에 따

라 자연적으로 생기지만 다른 어떤 것이 뒤따르지 않는다
는 뜻이다. 플롯은 페리페테이아(뒤바뀜)와 아나그노리시
스(깨달음)를 지능적으로 활용하면 좋아질 수 있다. '뒤바
뀜'과 '깨달음'이 전체 플롯과 하나의 유기체로 엮일 때 가
장 효과적이다.

플롯은 주인공이 행복을 누리다가 불행에 빠지는 과정
을 그려야 한다. 주인공은 일관성 있게 유리한 입장에서 묘
사되어야 한다. 다만 시인은 지속적으로 관객들이 그 인물
에 대해 이미 알고 있는 내용에 충실하게는 그려야 한다.
주인공이 겪게 되는 불행은 하마르티아(오류)로 야기된다.
비극의 플롯에는 언제나 비극적 행위가 들어가야 하는데,
그 행위는 저질러질 수도 저질러지지 않을 수도 있으며 알
고서 혹은 모르고 저지르는 것일 수도 있다.

사고력과 언어적 표현에 대해 논의를 끝낸 아리스토텔
레스는 여러 면에서 비극과 비슷하지만 대개 비극보다 길
고 공상적이며 다양한 사건을 다루는 서사시에 대해 언급
한다. 서사시가 비극에 비해 우수하다는 논거들을 반박하
고 비극이 더 나은 양식이라고 주장하는 것.

● **미메시스** mimesis ｜ 예술적 표현—시, 그림, 조각, 춤, 음악, 연극 등—을 통해 하나의 관념이나 여러 관념들을 어떤 사람이 과거의 경험과 연계시킬 수 있도록 그의 마음속에 창조하는 행위. 대략 '모방'이라고 번역할 수 있으며, 시에서는 현실 세계 속에 맞춰진 이야기를 전하는 행위란 뜻. 이야기 속의 사건들은 실화일 필요는 없지만, 이야기 전달은 관객이 실제로 일어나는 사건처럼 상상할 수 있도록 도와주어야 한다.

● **하마르티아** hamartia ｜ '실수'로 직역할 수 있지만, 좀더 정확하게는 '비극적 오류' 정도의 뜻. 아리스토텔레스에 따르면, 비극에는 주인공의 파멸이 들어가야 하고, 이 파멸은 그의 어떤 실수 때문에 초래된다. 실수라고 할지라도 부도덕한 행위일 필요는 없으며, 어떤 사실을 모르거나 잊어버리는 정도의 단순한 문제도 포함된다.

● **아나그노리시스** anagnorisis ｜ 깨달음. 주인공이나 다른 인물들이 모르고 있던 어떤 사실에 대해 알게 되는 순간. 이를테면, 오이디푸스가 아버지를 살해했고 어머니와 결혼

했다는 사실을 알게 되는 순간을 가리킨다. 비극에서는 종
종 클라이맥스에 페리페테이아(뒤바뀜)와 나란히 일어난다.
한 작품 속에서 여러 차례의 '깨달음'과 '뒤바뀜'이 일어날
수 있다.

● **뮈토스** mythos | 비극과 관련해서는 '플롯'으로 번역될
수 있지만, 고대 그리스 시대에는 조각, 음악, 그리고 여타
예술에도 두루 사용된 단어. 단지 무엇이 일어났다는 식의
내용을 전달하기 위한 틀이 아니라 어떻게 비극의 요소들
이 한데 모여 일관성 있고 통합된 전체를 구성하느냐에 관
계하며, 작품을 통해 교훈이나 감명을 전달한다.

● **카타르시스** katharsis | 본래 의사들은 배탈 난 사람들이
배설로 속을 씻어낸다는 정화(淨化)의 의미로, 그리고 성직
자들은 마음을 평화롭게 가라앉힌다는 정화(靜化)의 의미
로 쓰던 단어. 아리스토텔레스는 비극과 관련해서 '감정의
淨化 또는 靜化'란 뜻으로 모두 쓰고 있는데, 이를테면, 울
음을 통해 맺혀 있던 어떤 감정이 해소될 때 느끼는 쾌감을
표현하는 것 같다. 카타르시스를 겪고 나면 우리의 감정 상
태는 차분해진다.

● **페리페테이아** peripeteia | 뒤바뀜. 주인공의 무지로 인

해 단순한 사건이 기대와 의도에 완전히 어긋나는 엄청난 사태로 진전되는 것. 행복이 불행으로, 불행이 행복으로 바뀌는 식이다. 대개 클라이맥스에서 일어나며 '깨달음'이 이어진다. 사실상 극의 클라이맥스라고 할 수도 있다. 모든 사건이나 상황이 종말을 향해 치닫는 전환점인 것.

● **러시스** lusis | 풀림. 클라이맥스에서부터 종말에 이르기까지의 진행 과정.

● **데시스** desis | 얽힘. 사건의 발단부터 극적인 행동의 전환점이 있기 직전까지 이어진다. 플롯의 실타래가 교묘하게 얽혀 점점 복잡해지다가 '뒤바뀜'에서 전환점을 맞이하고 소위 '풀림'에서 풀리기 시작한다.

아리스토텔레스는 물리학이나 생물학을 연구할 때와 같은 방식으로 시에 대해 탐구한다. 우선 당시의 시들을 가능한 대로 모두 살펴보고 분류한 후에 어떤 분석적인 결론을 이끌어내며, 다시 그 결론을 토대로 정립한 이론을 제시하는 것. 〈시학〉에는 이런 탐구 방식을 비극에 적용하여 밝혀낸 내용들이 자세히 언급되어 있다. 대충 훑어보면, 비극은 여섯 가지 구성요소로 이루어지며, 플롯이 가장 중요하다. 비극의 목적은 연민과 두려움을 자아낸 다음, 그 느낌들을 해소하는 것이다. 작품성이 뛰어난 비극의 공통점은 영웅적인 인물의 이야기가 잘 짜인 플롯에 따라 펼쳐진다는 것이다. 이 같은 주장은 그의 개인적인 견해라기보다는 평판이 좋은 비극들을 비교 검토한 결과라고 할 수 있다.

그런데 아리스토텔레스가 과학적 과제를 연구하는 방식으로 시를 탐구한 것이 과연 타당한지 의문이 생길 수 있다. 이런 방식에도 나름대로의 장점은 있겠지만, 결론부터 말하자면 아무래도 옳지 않은 것 같다. 과학적 탐구 방식은 탐구되는 현상의 움직임이나 작용 등을 지배하는 어떤 법칙이나 규칙성이 존재한다는 가정을 전제로 하며, 특히 물리학에서 많은 성과를 냈다. 예를 들면, 아이작 뉴턴*은 모든 물리적 운동을 세 가지 기본법칙으로 분류했다. 그러나 예술은 자연계에 존재하는 의문의 여지가 없는 불변의 법칙에 따라 움직이지는 않는 것 같다. 종종 이전 세대들이 당연시했던 법칙이나 가정 등에 대해 의문을 품고 벗어나려고 노력한 결과 더욱 풍성해지고 발전한 경우가 많은 것이다. 아리스토텔레스는 플롯의 통일성이 가장 중요하다고 주장했으나 보기에 따라서는 도무지 플롯이라고 할 만한 것 자체가 없는 희곡을 집필한 새뮤얼 베케트**는 20세기의 위대한 희곡작가로 명성을 떨치고 있다. 에우리피데스 역시 구성이 탄탄하고 균형 잡힌 플롯의 중요성을 강조한 아리스토텔레스와 달리 구성도 엉성하고 균형도 잡히지 않은 플롯의 작품을 이따금씩 집필했다. 따라서 아리스토텔레스가 에우리피데스보다 소포클레스를 높이 평가한 것은 당연하다.

우리는 에우리피데스와 소포클레스에 대한 아리스토텔레스의 평가를 접하면서 또 한 가지 의문을 품게 된다. 즉 아리스토텔레스가 분석한 모든 작품들이 그의 원칙이

---

* **아이작 뉴턴**(Issac Newton, 1642-1727): 영국 물리학자, 천문학자, 수학자. 미분과 적분 이론을 개척했으며, 만유인력과 세 가지 운동법칙을 바탕으로 천체의 움직임을 규명했다. 주요 저서는 〈프린키피아(자연철학의 수학적 원리)〉 등.

** **새뮤얼 베케트**(Samuel Beckett, 1906-1989): 아일랜드 출신 소설가, 희곡작가. 1969년 노벨문학상 수상. 주요 작품은 〈고도를 기다리며〉 등.

나 기준에 어느 정도나 들어맞느냐, 하는 점이다. 그는 수백 또는 수천 점의 작품을 보았을지 모르지만, 우리가 접할 수 있는 그리스 비극 작품은 고작해야 세 작가의 33편이 전부다. 자료가 부족한 우리로서는 그의 원칙이나 기준이 얼마만큼 맞는지 제대로 판단할 방법이 없으며, 33편의 작품들 가운데 상당수도 그의 요구사항에서 멀리 벗어나 있다. 그 원칙이나 기준에 가장 부합하는 비극은 〈오이디푸스 왕 *Oedipus Rex*〉 정도인데, 따라서 아리스토텔레스가 자주 이 작품을 예시하며 설명한 것은 당연한 일이다.

　아리스토텔레스가 〈시학〉에서 제기한 주장들 가운데 눈여겨볼 내용은 세 가지다. 1) 시는 미메시스이다. 2) 뮈토스, 즉 플롯은 단일해야 하고 가장 중요하다. 3) 비극은 연민과 두려움을 자아낸 다음, 그 느낌들을 해소하는 것이 목적이다. 1)에 대해서는 1장부터 3장까지의 '풀어보기'에서, 2)에 대해서는 6장부터 9장까지의 '풀어보기'에서, 3)에 대해서는 6장의 '풀어보기'에서 설명하기로 한다.

Chapter별 정리 노트

Chapters 1-3

아리스토텔레스는 시를 논의하기 위해 먼저 시의 구성요소들부터 살펴보고 거기에서 결론을 이끌어내는 분석적인 방식으로 탐구해 보자고 제안한다. 우선 서사시, 비극, 희극, 술의 신 디오니소스 축제의 합창인 디튀람보스(dithyrambos), 그리고 대부분의 피리와 수금(竪琴)을 위한 음악 등을 언급하면서 모두들 모방의 여러 형태지만 서로 다르다고 덧붙인다.

맨 먼저 지적할 수 있는 차이는 모방을 위해 채택하는 수단이다. 화가는 색채를, 조각가는 돌이라는 수단을 택하듯이 시인은 말, 리듬, 선율 가운데 어떤 것 하나 또는 이것들을 결합해서 사용한다.

예를 들면, 피리와 수금 음악의 경우에는 리듬과 선율을 사용하지만 춤은 리듬만 채택한다. 이어서 아리스토텔레스는 시란 본질적으로 모방의 기능을 갖고 있으며 운문이든 산문이든 관계없다고 주장한다. 따라서 호머는 시인이고, 엠페도클레스*는 비록 운문으로 글을 썼지만 시인이 아니라 자연철학자다. 엠페도클레스의 글들이 겉보기에는 운문이어도 모방적인 성격을 지니지 않았기 때문에 시가 아니라는 것. 비극, 희극, 그리고 다른 종류의 시에는 말, 리듬, 선율이 모두 쓰이고 있다. 서정시처럼 몇몇 경우에는 세 가지 요소가 모두 사용되고, 희극이나 비극 같은 몇몇 경우에는 그때그때 다른 방식으로 어울려 쓰인다.

두 번째 차이점은 모방되는 대상들이 다르다. 시는 모두 우리보다 잘난 사람들, 우리보다 못한 사람들, 또는 우리와 비슷한 사람들의 행동을 다룬다. 예를 들면, 비극이나 서사시는 우리보다 잘난 사람들을 다루는 반면, 희극이나 패러디는 우리만 못한 사람들에 대해 다룬다.

마지막 차이점은 모방 대상을 재현하는 방식인데, 시인이 이야기를 직접 전달하는 방식이나 모방 대상인 등장인물의 입을 빌어 말하는 방식이 있다. 예를 들면, 많은 시인들이 내용을 직접 이야기하는 방식을 즐겨 썼던 반면, 호머는 직접 이야기하는 방식과 등장인물의 입을 빌어 말하는 방식을 번갈아 사용했다. 비극과 희극의 경우, 시인은 전적으로 등장인물을 통해서만 말했다.

---

* **엠페도클레스**(Empedocles, 490?-430 B.C.?): 그리스 철학자. 만물의 근본은 흙·공기·물·불로 구성되었으며, 이들 4원소가 사랑과 투쟁의 힘에 의해 결합되고 분리되면서 만물이 생멸한다고 주장했다. 주요 저서는 〈자연에 대하여〉 등.

　　첫 단락은 우리가 〈시학〉에 어떻게 접근해야 하는지에 대해 넌지시 알려주고 있다. 이 작품은 시를 규정하려는 것이 아니라 시에 대해 설명하려는 것이다. 다시 말해, 시나 비극은 이런 것 또는 저런 것이어야 한다고 주장하기보다는 비극을 중심으로 과거의 시들을 분석하고 그 구성요소들을 조사함으로써 일반적으로 시란 무엇이고 어떻게 그 효과를 나타내는지를 이해하려는 것이다.

　　그런데 시를 조사하기 위해 채택하는 과학적 방법은 그가 그동안 자연현상들을 연구할 때 성공적인 결과들을 얻어낸 방식과 똑같다. 요컨대, 세심한 관찰을 통해 그 관찰의 결과들을 설명할 수 있는 잠정적 이론을 수립하는 방식이다. 그러나 우리 입장에서 곧바로 품게 되는 의문은 과학적 방법을 시에도 적용하는 것이 타당한가, 하는 점이다. 물리적 현상은 변치 않는 자연 법칙의 지배를 받게 되어 있고, 추측컨대 어느 정도의 통찰력을 바탕으로 세심한 연구를 진행하면 그 법칙의 실체를 밝혀낼 수도 있다. 아리스토텔레스는 똑같은 원리로 시에 대해서도 똑같은 원리가 적용된다는 가설을 갖고 논의를 진행하고 있는 것 같다. 불변의 자연 법칙이 시의 성장과 발전을 이끌어왔다고 생각하고 〈시학〉에서 이 법칙들을 밝히려고 하는 것.

그런데 아리스토텔레스의 말이 아주 옳은 것 같은 경우도 있고, 그의 결론이 매우 제한적인 것 같은 경우도 있다. 이 문제에 대해서는 그가 비극의 요소들에 대해 깊이 논의할 때 검토하기로 하자.

이야기를 더 전개하기에 앞서 몇 가지 용어에 대해 살펴보자. 〈시학〉 첫 머리에 등장하는 'art(예술)'와 'poetry(시)'는 오늘날의 의미와는 다르다. 'art'는 그리스어 'techne'를 영어로 번역한 것으로 '뛰어난 솜씨(artifice)'나 '인위적인(artificial)' 정도의 뜻이다. 아리스토텔레스에게 'art'는 자연에서 발견되는 것과 반대로 인간이 만든 모든 것이다. 따라서 시, 그림, 조각 등을 비롯해서 의자, 말굽에 붙이는 편자, 샌들 등도 'art'인 것.

'art'의 의미는 아리스토텔레스가 'mimetic art'라고 칭했던 개념의 전후 관계를 통해 짐작해 보면 어느 정도 근접하게 파악할 수 있다. 그리스어 'mimesis'는 비록 〈시학〉 안에서만큼은 'imitation(모방)'으로 번역해도 잘 어울리지만, 정확한 번역은 불가능하다. 의자 그림은 실제 의자의 'mimesis'인데, 이때는 'imitation(모방)'이나 'representation(표현)'으로는 도저히 번역할 수 없다.

실제 모습을 모방하기 위해 그림은 물감을 사용하고, 조각은 돌을 사용한다. 시는 실제의 삶을 모방하기 위해 언어, 리듬, 선율을 사용하는 독특한 모방 예술이며, 특히 언어가 가장 중요한 요소다.

여기서 우리는 시가 어떤 방식으로 실제의 삶을 '모방' 하는지 의문을 품게 된다. 〈오이디푸스 왕〉에 나오는 사건들은 실제로는 일어나지 않았다. 사실상, 비극은 허구적이고 관객들에게 무대 위에서 일어나고 있는 일들은 현실이 아니란 생각을 갖도록 만드는 것이 중요하다. 햄릿이 폴로니어스를 죽일지라도 누군가 경찰을 부르는 일이 있어서는 안 되는 것. 그럼에도 불구하고 비극은 실제 상황에서도 그렇게 말하고 행동했으리라고 수긍할 수 있는 그런 사람들의 말과 행동을 다룬다. 이야기가 허구라는 사실을 인식하면서도 다른 한편으로는 실제로도 충분히 그럴 수 있다고 공감할 수 있어야 하는 것.

〈시학〉에서 논의하는 시의 종류와 오늘날 시의 개념 사이에는 커다란 차이가 있다. 우리는 대개 운문으로 쓰인 글을 시라고 생각하지만, 아리스토텔레스는 엠페도클레스의 철학적인 운문은 시가 아니라고 정면으로 반박한다. 삶을 모방하기보다는 사상을 나타내고 있기 때문이라는 것.

더욱이 아리스토텔레스의 정의에 따르면, 시에서 이야기는 본질적인 것이다. 희극과 비극뿐 아니라 〈일리아드〉나 〈오디세이〉 같은 서사시도 이야기를 전하고 있다. 드라마와 서사시 모두 허구적인 이야기지만 어떤 식으로든 실제의 삶을 모방한다. 반면, 오늘날의 수많은 시는 실제의 삶을 드러내놓고 모방하지 않는다. 예를 들면, 영국 시인 로버트 번스*의 "나의 사랑은 빨갛고, 빨간 장미 같다네(My love is like a red, red rose.)" 같은 싯귀는 여인에 대한 시인의 사랑을 '모방'하거나 '표현'한다고 볼 수도 있겠지만, 그렇게 보면 엠페도클레스의 운문도 어떤 철학적 개념들을 '모방'하거나 '표현'한다고 말할 수 있을지 모른다.

아리스토텔레스는 로버트 번스처럼 연애시를 쓰는 사람들을 비난하려는 것이 아니고, 단지 당시에 존재했던 여러 양식의 시를 분류하려는 것이다. 모든 시는 어떤 식으로든 말, 리듬, 선율을 사용하며, 어떤 활동에 종사하는 인간들을 다루고, 직접적이든 간접적이든 이야기를 포함하고 있다. 어떤 시가 서사시, 희극, 비극인지는 이 같은 기준들에 비춰 판단한다. 예를 들면, 비극은 말, 리듬, 선율의 요소를 갖추고 대체로 우리보다 나은 행위자들을 다루며, 시인은 그 인물들을 통해 직접적으로 이야기한다.

---

* **로버트 번스**(Robert Burns, 1759-96): 영국 시인. 특히 스코틀랜드의 국민시인으로 칭송됨. 대표적인 시는 "석별의 정 Auld Lang Syne".

Chapters 4-5

시를 쓰고 즐기는 것은 인간의 본능이다. 이처럼 모방적 성향을 타고난 인간은 그 모방을 통해 배우고 발전하며, 그 모방 작품에서 즐거움(쾌락)을 얻는다. 이런 주장을 뒷받침하기 위한 증거로서 아리스토텔레스는 보기만 해도 혐오스러운 시체나 흉측스런 짐승들을 아주 자세하게 그려놓은 그림을 바라보면서 즐거움을 느끼는 경우를 예로 든다. 뿐만 아니라 사물을 표현하거나 모방한 것—그림이나 조각 등—들을 바라보며 이해력과 추리력을 적용해서 무언가를 배울 수 있는데, 배움이야말로 이 세상에 존재하는 최고의 즐거움이다. 또한 리듬과 선율도 우리에게 자연스러운 것으로서 특별한 재능을 타고난 사람들이 오랜 과정을 거치면서 거듭 즉흥적으로 창작하는 사이에 서서히 시가 생겨났다.

시는 진화과정에서 고상한 인물을 모방의 대상으로 삼아 고결한 찬송과 찬양의 노래를 지은 엄숙한 시인과 못난 사람들의 행위를 다루며 풍자적 욕설의 시를 지은 저속한

시인 사이에서 두 형태로 갈라졌다. 그리고 비극과 희극의 가능성이 감지되면서 각자의 개인적 능력에 따라 일부는 희극시인이 되었으며 일부는 비극시인이 되었다. 비극은 고결한 인물들에 대한 모방이고, 희극은 보통 이하의 인간들에 대한 모방이다.

비극은 거의 완성 단계에 도달한 시다. 즉흥적으로 창작되던 디튀람보스가 네 단계의 획기적인 변화를 거치면서 당시의 비극으로 발전한 것. 디튀람보스는 술의 신 디오니소스를 찬양하기 위해 성인과 사내아이 50여명 정도로 이루어진 합창대가 불렀는데, 종종 이야기가 곁들여졌다. 첫 번째 변화를 가져온 아이스킬로스는 합창대의 수를 줄이고 배우를 한 명 더 내세워 대화가 중심이 되게 만들었다. 두 번째, 소포클레스는 제3의 배우와 배경 장면을 집어넣었다. 세 번째, 이야기의 분위기 자체가 위엄을 띠게 되었으며, 춤에 적합하던 장단격 운율이 자연스런 대화에 어울리는 단장격 운율로 바뀌었다. 네 번째, 전체 이야기를 이루는 에피소드, 즉 장면의 수가 늘어났다.

희극은 우리보다 못한 사람들의 모방이고, 우스꽝스러운 것들을 다룬다. 고통이나 파괴의 성질을 띠지 않고 추한 것들을 우스꽝스럽다고 일컬을 수 있다. 아리스토텔레스는 희극의 기원에 대해서는 간단한 설명으로 그치는데, 본래부터 비극만큼 진지하게 생각하지 않았기 때문에 발전 단계와 그것들을 발전시킨 사람들에 대한 기록이 거의 없었던 것이다.

　　비극과 서사시는 단장 6보격 운율로 고결한 주제들을 다루지만, 세 가지 중요한 차이가 있다. 첫째, 비극은 극의 형태를 띠고 몇 가지 다른 운문 형식을 사용하지만, 서사시는 이야기의 형태를 띠면서 한 가지 운문 형식만 사용한다. 둘째, 비극은 대체로 하루 동안의 일로 제한되기 때문에 서사시에 비해 훨씬 짧다. 반면, 서사시는 시간제한이 없다. 셋째, 비극은 서사시에는 없는 특이한 요소들을 갖고 있다.

　　아리스토텔레스는 인간은 본능적으로 모방에서 즐거움을 느끼는 존재라고 주장하면서 모방적 예술의 가치에 대해 논하고 있다. 모방 본능과 모방에서 느끼는 즐거움을 인간의 학습 능력이나 이성과 관련시켜 설명하는 것. 우리는 이성의 판단 덕분에 무언가를 보면서 어떤 것을 모방했는지 알 수 있다. 가면 쓴 사람들이 무리지어 춤추고 노래하는 것을 보면서 옛날 신화의 인물을 흉내 내는 것이라거나, 어떤 양식의 몸짓을 실제 행동의 모방으로 간주한다거나, 배우와 관객들이 느끼는 감정적 긴장감을 접하면서 그 일이 현실에서 일어난다면 느끼게 될 감정적 긴장감이라고 생각하는 과정에는 모두 일정한 수준의 이해력이 필요하다. 아리스토텔레스는 인간이 이성적 동물이라고 규정하면서 인간을 다른 피조물과 구분시켜주는 것이 이성이라고 암시한다. 모방한 것을 보면서 그 실제 대상을 이해하는 능력은 이성의 작용이기 때문에 우리는 우리를 인간답게 하는 바로 그 능력에서 기쁨을 느낀다는 것.

　　비극의 유래에 대한 아리스토텔레스의 설명은 매우 그럴 듯하게 들린다. 고고학적인 자료를 비롯해 여러 가지 관련 증거들이 변변치 않은 탓에 비극의 기원을 연구하는 학자들이 오랫동안 어려움을 겪은 것이 사실이지만, 비극이 디튀람보스에서 유래했다는 그의 암시는 설득력이 있다. 디오니소스는 대지의 풍요를 주재하는 신이자 술의 신이고, 그를 찬양하는 디튀람보스는 계절의 순환과 추수를 감사하는 제전의 일부였던 것으로 여겨진다. 따라서 이 노래들은 종교 음악의 일부였고, 그 대규모 합창대와 함께 등장한 이야기꾼은 일종의 사제였던 것으로 추정된다. 처음에는 즉흥적으로 행해지던 디튀람보스는 시간이 지나면서 좀더 엄격한 틀을 갖추게 되고 이야기꾼과 합창대가 대화를 주고받는 경우가 종종 생겼다. 이런 형태의 디튀람보스에 두 번째 배우를 집어넣어 합창을 주고받는 대사로, 제례를 극으로 변화시킨 인물이 아이스킬로스이다. 요컨대, 아이스킬로스는 비극의 창시자이자 서양 최초의 위대한 비극작가인 셈이다.

5장 끝부분에서는 비극과 서사시의 차이점 하나를 논한다. 비극은 대개 하루 안에 끝나는 이야기로 이루어진다는 것. 극의 길이에 대한 이 언급은 나중에 비극의 ‘3통일성(3일치)의 규칙’ 가운데 하나로 받아들여진다. 사실상, 비극의 3통일성—극의 진행과 인물의 행동은 하나의 필연적인 진로에 따라야 한다는 행동의 통일성, 사건은 하루 이내에 끝나야 한다는 시간의 통일성, 사건의 행동은 처음부터 끝까지 한 장소에서 이루어져야 한다는 장소의 통일성—은 아리스토텔레스가 창안한 것이 아니라 1570년에 로도비코 카스텔베트로*가 공식화한 개념이다. 이 공식의 바탕은 〈시학〉이었지만, 아리스토텔레스가 말한 것보다 훨씬 엄격했다. 사실, 아리스토텔레스가 분명하게 지적한 것은 행동의 통일성뿐이다. 여기서 언급하는 시간의 통일성은 엄격하게 준수되어야 하는 것이 아니라 일반적인 지침으로 여겨지며, 장소의 통일성을 요구했다고 암시하는 증거는 더군다나 적다. 따지고 보면, 아리스토텔레스의 공식은 모두 그리스 비극에서 도출된 것인데, 이 비극들은 시간의 통일성이나 장소의 통일성을 빈번하게 어겼다.

---

* **로도비코 카스텔베트로**(Lodovico Castelvetro. 1505?-1571): 이탈리아 문학평론가. 아리스토텔레스의 〈시학〉을 번역하고 독자적인 결론을 도출해낸 것으로 유명하다. 주요 저서는 〈세속화한 아리스토텔레스의 시학〉 등.

Chapter 6

아리스토텔레스는 6장에서는 비극에 대해서만 논한다. 비극에는 일곱 가지 특징이 있다. 1) 미메시스가 있다. 즉, 현실의 모방이다. 2) 내용이 심각하다. 3) 행동은 완전하며 일정한 크기가 있다. 4) 리듬과 선율로 '아름답게 꾸민 여러 형식'의 언어로 되어 있다. 5) '아름답게 꾸민 여러 형식'은 극 전반에 걸쳐 획일적으로 사용되지 않고 이곳저곳에서 운율적 언어와 노래로 나타난다. 6) 이야기보다는 배우들의 연기로 제시된다. 7) 연민과 두려움을 불러일으키고 그런 감정의 카타르시스를 성취한다.

다음으로 비극이 성립하려면 여섯 가지 구성요소가 필요하다. a) 배우와 무대 등, 눈에 보이는 시각적 장치. 그 다음으로 모방의 수단인 말, 리듬, 선율은 다시 b) 노래와 c) 운문의 구성과 관련된 언어적 표현(문체)으로 나뉜다. 그 다음은 행위자의 d) 성격과 e) 사고력. 사고력은 연기로 묘사되는 인물의 지적 자질을, 성격은 윤리적 자질을 드러낸다. 끝으로 f) 이야기에 담긴 사건과 행동들의 결합인 뮈토스, 즉 플롯이 있다.

　여섯 가지 중에서는 플롯이 가장 중요하다. 비극은 있는 그대로 사람을 재현하는 것이 아니라 행동과 삶의 모방이고, 행복과 불행은 모두 행동에 달려 있기 때문이다. 성격은 행동을 드러내지만, 행동은 성격을 여실히 드러내지는 않는다. 우리가 추구하는 삶의 목적인 행복과 불행은 일종의 행동이지 어떤 성격적 자질이 아닌 것이다. 언어적 표현이나 사고력도 플롯만큼 중요하지는 않다. 일련의 잘 쓴 대사만 가지고는 언어적 표현과 사고력 제시에 다소 결함이 있더라도 플롯과 사건이 잘 짜인 비극만큼 효과적이지는 못한 것이다. 나아가 플롯의 구성요소인 페리페테이아와 아나그노리시스는 비극에서 호소력이 가장 강력한 수단이다. 끝으로 아리스토텔레스는 언어적 표현과 성격 묘사를 제대로 하기보다 탄탄한 플롯을 구성하기가 훨씬 어렵다고 지적한다.

　다른 요소들의 중요도는 성격, 사고력, 언어적 표현, 노래, 시각적 장치의 순으로 꼽을 수 있다. 성격은 인물의 동기, 그가 원하는 것과 원치 않는 것, 특정 상황에 반응하는 방식 등을 드러내며, 좀더 전반적인 수준에서 이성이나 보편적 진리를 다루는 사고력보다 중요하다. 노래와 시각적 장치는 그저 극을 더 아름답게 꾸미기 위한 부수적인 요소지만, 전자가 후자보다 중요하다. 희곡 없이도 멋진 시각적 장치는 준비될 수 있고, 무대 장치와 의상은 시인의 몫이 아니기 때문이다.

6장의 첫머리에 나오는 비극의 정의는 그동안의 설명을 요약하는 것이라고 생각되지만, 처음으로 카타르시스를 언급하고 있다. 그리스어 카타르시스의 본뜻이야 어떻든 그것이 비극에서 정확히 어떤 역할을 하는지에 대해서는 논란의 여지가 있다.

첫째, 비극에서 카타르시스가 정확히 어떤 의미인지 의문을 품을 수 있다. 비극을 관람하면 연민과 두려움이 일어나고, 이어 그런 감정들이 씻겨나간다는 의미인 듯하다. 그러나 비극은 현실의 모방이기 때문에 우리가 느끼는 것은 실제의 연민이나 두려움이 아니다. 우리는 오이디푸스가 아버지를 죽였고 어머니와 결혼했다는 사실을 알게 될 때 연민을 느낄 수 있지만, 그 감정은 우리가 고아나 전쟁터의 사람들에게 느끼는 연민과는 종류가 다르다. 관객은 오이디푸스가 실제 인물이 아니고 그가 고통당하는 모습을 보면서도 실제로는 고통당하는 사람이 없다는 사실을 알고 있다. 그 결과, 그를 도와야 한다는 어떤 의무감이나 죄책감을 느끼지 않으면서도 그 인물에 공감할 수 있는 것이다. 비극 관람은 극장을 나설 때 우리 안에 쌓였던 정서적 긴장감을 모두 해소할 수 있기 때문에 카타르시스 효과가 있다. 따라서 관객은 심각한 감정을 겪은 후에 그 앙금이 마음속에 남아 이후의 정신적 충격에 무뎌지지 않게 하면서도 그 감정 상태를 경험할 수 있는 것이다.

둘째, 카타르시스는 어느 정도까지 비극의 목적이자 어느 정도까지 부수적인 효과인지에 대해 의문을 품을 수 있다. 예술이 어떤 면에서 인간에게 좋은지는 답하기 어려운 질문이다. 그리스 비극을 비롯한 최고 수준의 예술은 설교적이 아니다. 즉 우리에게 공공연히 행동 지침을 제시하지 않는다. 그럼에도 불구하고 우리는 예술의 미묘함을 감상하면서 참으로 많은 것을 배울 수 있다. 전반적으로 예술의 가치는 특정한 진리를 가르치는 것보다는 추상적이고 일반적인 차원에서 우리의 감정을 자극하고 의식을 일깨우는 능력에서 나오는 것 같다. 〈오이디푸스 왕〉은 집안 내력이 불확실한 나이 든 여인과 결혼하면 안 된다는 사실을 가르쳐주기 때문이 아니라 어떤 마음 상태를 싹트게 하기 때문에 가치가 있다.

카타르시스가 매우 중요한 비극의 효과일지는 모르지만, 그것 때문에 비극을 쓰는 시인은 거의 없다. 만약 그런 시인이 있다면 심리치료사라고 해야 할 것이다. 다시 한 번,

아리스토텔레스는 이론가가 아니라 관찰자의 입장에서 글을 쓰고 있다. 비극이 관객들에게 카타르시스 효과가 있다는 것을 알게 되었으면서도 그것이 모든 비극의 목적이라고 언명하려고 들지는 않는다.

6장에서 마주치는 또 하나의 중요한 개념은 뮈토스이다. 비극과 관련해서 뮈토스는 '플롯'으로 번역될 수 있지만, 조각, 음악, 또는 다른 예술 형태에도 쓰일 수 있다. 뮈토스는 어떤 예술 작품이 일관된 의미를 전달하기 위해 구성되고 조직화된 방식이다. 따라서 아리스토텔레스가 언급하는 비극의 '플롯'은 단순히 누가 누구에게 무엇을 했는지가 아니라 이야기 속의 사건들이 어떻게 결합해서 좀더 심오하고 일반적인 주제들을 낳는지에 관한 것이다.

이처럼 비극의 가치가 있는 곳은 플롯이기 때문에 플롯은 비극의 중심이다. 만약 성격이 비극의 중심이라면 우리가 〈오이디푸스 왕〉을 보는 까닭은 오이디푸스에 대한 것—왜 특정한 행동을 하는지, 여러 상황에서 어떻게 반응하는지—을 배우기 위해서일 것이다. 그러나 오이디푸스라는 성격 자체는 흥미롭지 않다. 실제로 존재하지도 않았던 인물의 성격에 관심을 가질 이유가 어디 있겠는가? 우리가 비극에서 배우는 것—비극이 우리에게 미치는 효과—은 전반적인 진리나 관념들을 향해 우리의 마음을 이끌도록 구조화되는 방식, 즉 뮈토스에서 유래한다.

Chapters 7-9

비극은 완전하고 전체적이며 일정한 크기가 있는 행동의 모방이다. '완전하고 전체적'이란 말은 처음, 중간, 끝이 있다는 뜻이다. '처음'은 이전의 어떤 사건과 필연적 관련이 없지만 자연스레 어떤 일이나 사건을 일으킬 수 있는 지점이다. '끝'은 그 이전의 일이나 사건들 다음에 필연 또는 보편적 법칙에 따라 자연스레 이어지는 결말이며, 그 뒤에는 더 이상 다른 것이 따르지 않는다. '중간'은 그 이전 사건들과 그 뒤의 사건들에 모두 매끄럽게 연결되는 지점이다. 따라서 잘 짜인 플롯은 이 원칙을 따라야 한다.

다른 예술과 마찬가지로 비극도 크기가 중요하다. 그림은 지나치게 작거나 크면 안 된다. 한눈에 알아볼 수 있어야 하기 때문이다. 비극은 그 내용을 기억할 수 있을 만한 길이여야 한다. 비극의 시간적 제약은 대개 관객이나 다른 외적 요인들에 의해 정해지지만, 일관성이 유지되는 한 비극은 길면 길수록 좋다. 요컨대, 비극의 크기는 주인공을 행복에서 불행으로, 아니면 그 반대의 변화로 이끌고 가는 사건들을 필연적 또는 개연적으로 연결하는 정도는 되어야 한다.

플롯의 통일성은 한 인물의 삶에만 초점을 맞춘다고 해서 되는 것은 아니다. 우리의 삶은 서로 무관한 많은 사건과 일들로 채워지고, 통일된 플롯에 필요한 완결된 삶을 사는 사람도 거의 없다. 따라서 시인은 어떤 인물의 삶을 수놓는 많은 사건과 일들 가운데 특정한 부분을 취해 일관성 있는 전체가 되도록 엮어야 한다. 주인공에게 일어난 사건을 모두 다루지 않았던 호머의 〈오디세이〉는 좋은 예다. 보태거나 빼더라도 이야기 전체에 크게 달라질 것이 없는 요소는 플롯의 통일성을 훼손한다.

아리스토텔레스는 시와 역사의 차이에 대해 말한다. 역사는 과거의 일들을 다루지만 시는 일어날 수 있는 일, 즉 개연성이나 필연성에 따라 일어날 것으로 기대되는 일을 제시한다. 역사는 언제나 특정한 사실들을 다루는 반면, 시는 보편적인 진리를 표현하기 때문에 시가 역사보다 철학적이고 우수하다. 비극은 어떤 인물이 어떤 상황에서 말하고 행동하는 방식이 필연적이거나 적어도 개연적으로 보이게 만들며, 따라서 관객들은 비극을 통해 운명, 선택 등에 얽힌 일반적 원칙을 통찰하게 된다. 최악의 플롯은 외견상 필연성이나 개연성이 전혀 없는 여러 에피소드들이 계속되는 에피소드 식 플롯이다.

　연민과 두려움을 불러일으키는 매체로서의 비극은 사건들이 예상을 벗어나면서도 필연적 연관성을 가지고 일어날 때 가장 효과적이다. 결말이 너무나 뜻밖이지만 관객들이 이전의 모든 행동에 따른 필연적 결과라고 수긍할 수 있다면 이상적인 플롯인 것.

　잘 짜인 플롯은 '처음'부터 '끝'까지 필연성이나 개연성에 따라 완전할 정도의 인과관계로 연결된다. '처음'은 반드시 그 원인인 어떤 선행 사건들이 필요 없는 인과관계의 첫 번째 고리다. 그 뒤를 잇는 사건들은 이처럼 원인 없는 시작이 필연적 또는 개연적으로 전개된 결과물이다. 그리고 하나하나의 사건들이 꼬리를 물고 이어지다가 역시 그 사건들의 필연적 또는 개연적인 결과인 '끝'에 도달한다. '끝'은 그 자체로 필연성이나 개연성에 따라 더 이상의 사건을 일으키지 않으면서 인과적 사슬을 끝맺는다.

　이런 기준에서 볼 때, 나쁜 플롯은 어떤 것일까? 아리스토텔레스는 사건들이 뚜렷한 연결고리도 없이 우연히 이어지는 에피소드 식 플롯이라고 지적한다. 그러나 에피소드로만 이루어진 플롯은 분명히 없으며, 매순간이 조금의 빈틈도 없는 불가피성으로 이어지는 플롯이 드문 것도 사실이다. 처음, 중간, 끝이 완전히 하나로 어우러지는 플롯은 이루기 쉬운 목표라기보다는 근접 가능한 전형(典型)인 것.

플롯의 통일성은 플롯이 불필요한 요소가 없이 하나의 연쇄적 인과관계로 구성되어야 한다는 것이다.

그리스어 '뮈토스'의 의미는 영어 '플롯'과 똑같지 않다는 사실을 다시 한 번 상기할 필요가 있다. 우리는 지금 이야기 속에 나타나는 사건들의 총체가 아니라 사건들이 유기적으로 결합되어 일관성 있는 흐름을 형성하는 방식에 대해 언급하고 있는 것이다. 단지 무대에서 벌어지는 사건들의 관점에서 본다면, 비극에는 당연히 처음, 중간, 끝이 있다. 그러나 아리스토텔레스가 지칭하는 '처음'은 무대에서 맨 처음 일어나는 일이 아니라 인과관계 면에서 필연성이나 개연성에 따라 결말로 이어지는 첫 번째 연결고리를 의미한다.

아리스토텔레스가 언급한 비극과 역사의 차이점을 검토해 보면, 플롯의 통일성을 좀더 분명히 이해할 수 있을지 모른다. 아리스토텔레스는 역사적 사건들은 시차적으로 하나하나 일어나지만 항상 서로 연관성이 있는 것이라고는 보지 않는 듯한데, 줄잡아 말하더라도 논란의 여지가 있는 견해다. 대개 사학자가 하는 일이 역사적 사건들 사이에서 어떤 부류의 연관성을 밝히는 것이기 때문이다. 역사는 단지 동떨어진 특정한 사건을 하나하나 다룬다고 아리스토텔레스는 말하지만, 훌륭한 비극작가가 특정한 인물들의 이야기에서 일반적 진리를 이끌어내듯이 훌륭한 사학자라면 그 사건들 속에서 좀더 일반적인 진리를 읽어낼 수 있다.

따라서 우리는 비극과 역사에 대한 아리스토텔레스의 구별을 사실과 허구의 차이라고 이해하면 좋을 것이다. 우리는 때때로 놀랍도록 무의미하게 보일 수 있는 세상에 대한 이해를 돕기 위해 이야기를 만든다는 것. 실제 삶에는 비극과 달리 처음이나 끝도 없고 어디가 중간인지도 알 수 없다. 비극작가의 역할은 일련의 사건들을 취해 논리적 연관성을 추적하는 것이며, 그 비극적 행동을 통해 현실 세계 속에 존재하는 어떤 질서와 필연성을 보게 된 관객은 어떤 종류의 행동과 어떤 선택은 어떤 결말을 초래한다는 사실을 배우게 된다. 비극은 무의미한 경험의 소용돌이 속에서 하나의 틀을 끄집어낸다. 비극의 끝은 마치 "이러이러한 상황에서 이러이러한 인물의 이러이러한 결정은 이런 식의 결말에 이르는 경향이 있다"고 말하듯이 그 이전에 일어난 모든 것에 의미를 부여한다.

플롯의 인과관계는 구태여 뚜렷하게 드러나지 않아도 된다. 사실, 그래야 더 재미있다. 그리고 뜻밖의 결말이 도출되는 플롯이 최고라고 할 수 있는데, 그렇다고 해서 인과관계를 벗어난다는 의미는 아니다. 영화 *The Usual*

*Suspects*는 너무나 의외의 결말에 도달하지만 관객들은 속은 듯한 기분이 들지 않고 오히려 이전에 전개된 사건들을 얼마나 부실하게 이해했는지 깨닫게 된다. 즉 반전이 영화 전체를 새로운 각도에서 다시 생각해 보도록 만든 것.

아리스토텔레스는 비극의 논리적 연관성과 뜻밖의 결말을 참고하여 연민과 두려움에 대해 언급한다. 우리는 우리의 성격과 행동들이 소름끼치도록 차질 없이 그대로 우리의 운명을 결정한다는 사실을 알고 있지만, 그 운명의 원인들에 대해 거의 무지하고 그 운명이 다가온다는 사실도 결코 모른다는 것을 알고 있다. 우리는 오이디푸스란 인물 속에서 우리 자신의 무지와 나약함을 깨닫기 위해 오이디푸스와 똑같은 시련을 겪을 필요는 없는 것이다.

Chapters 10-12

아리스토텔레스는 단순한 플롯과 복합적 플롯을 논하면서 페리페테이아와 아나그노리시스의 개념을 소개한다. 모든 플롯은 사건들의 필연적이거나 개연적인 연속선상에서 처음에서부터 끝에 이르지만, 단순한 플롯에는 페리페테이아나 아나그노리시스가 없고 복합적 플롯에는 하나 아니면 둘 모두가 포함된다. 그런데 페리페테이아나 아나그노리시스도 이전 사건들의 필연적이거나 개연적인 결과로서 나타나는 것이기 때문에 플롯의 구조 자체에서 생겨나야 한다.

페리페테이아는 개연성이나 필연성에 따라 어떤 상황이 정반대로 뒤바뀌는 것을 뜻한다. 플롯의 어떤 요소가 반전을 초래하여 행복한 상태라고 생각하던 주인공이 갑자기 모든 것을 잃거나, 아니면 그 반대 상황이 되는 것이다.

아나그노리시스는 무지에서 앎으로 변화하는 것이다. 그 깨달음이 행운을 알게 되는 주인공에게는 사랑과 행복을 가져오지만, 불행한 진실을 발견하게 되는 주인공에게는 증오와 고통을 가져다준다. 최고 수준의 아나그노리시스는 페리페테이아와 직접 결합하여 일어난다. 즉 운명이 뒤바뀌면서 깨달음이 이뤄지거나 깨달음이 이뤄지면서 운명이 뒤바뀌는 것. 예를 들면, 오이디푸스는 어머니가 누구인지 알게 되면서 자부심 넘치는 왕에서 끔찍한 수치심과 죄책감에 시달려야 하는 신세로 전락한다. 아나그노리시스는 여러 방식, 이를테면 무생물이나 우연한 사물과 관련될 수도 있지만 페리페테이아를 수반할 때 플롯과 가장 밀접하게 연결된다. 아나그노리시스와 페리페테이아가 어우러져 연민과 두려움을 자아내면서 자연스레 결말로 이어지도록 돕기 때문이다.

플롯의 세 번째 구성요소인 고통은 살인, 고문, 부상 등 파괴적이고 고통스러운 행위들이다.

12장에서는 비극의 양적인 요소—공연의 여러 부분—들에 대해 논한다. 그것들에는 프롤로그(prologue. 도입), 에피소드(episode. 장면), 엑소드(exode. 퇴장), 패로드(parode. 합창 입장)와 스타시몬(stasimon. 합창 노래)으로 구성된 합창 부분이 있다. 게다가 어떤 비극에는 배우와 합창대가 함께 부르는 애가인 콤모스(commos)와 무대에서 부르는 노래들도 곁들여진다. 패로드는 합창대가 처음으로 부르는 완전한 곡이고, 그 이전에 나오는 것들은 모두 프롤로그이다. 스타시몬은 특정한 박자의 합창곡이며, 에피소드는 합창곡들 사이에 있는 부분 전부, 그리고 엑소드는 마지막 합창곡 뒤에 이어지는 부분 전부다.

페리페테이아와 아나그노리시스는 환상적인 내용을 뜻하는 단어처럼 들리겠지만, 우리에게는 친숙한 개념이다. 1980년대의 인기 TV 드라마 *The A-Team*(A특공대)을 시청한 사람이라면 누구나 페리페테이아가 낯설지 않을 것이다. 매회 번번이 A특공대는 자기들이 악당을 소탕했다고 생각하지만, 상황이 반전되면서(첫 번째 페리페테이아) 그들에게 사로잡힌다. 악당들은 언제나 A특공대를 용접기구가 가득한 창고에 가두며, 특공대는 그 용접기구들로 커다란 기계 장치를 만들어 탈출하고 악당들을 퇴치한다.(두 번째 페리페테이아) 너무 유치한 예라고 생각할지 모르겠지만, 중요한 점은 페리페테이아는 결코 고리타분한 문학적 장치가 아니라 오늘날에도 장르를 가리지 않고 어느 정도는 효과적으로 사용되고 있다는 사실이다.

아나그노리시스도 흔히 접할 수 있다. 그 발견은 제각각이던 여러 사건에서 어떤 공통점을 뚜렷하게 파악하는 것일 수도 있고, 주인공의 행동이나 자아 인식을 바꾸는 깨달음의 순간일 수도 있다. 영화 *The Empire Strikes*

Back(스타워즈-제국의 역습)에서 두 가지 예를 들면, 주인공 루크가 몸 색깔이 녹색이고 사람인지 짐승인지 분간하기 어려운 조그만 존재가 그동안 찾고 있던 요다란 사실을 알게 되는 것이 단순한 아나그노리시스이고, 다쓰 베이더가 친아버지란 사실을 알게 되는 것은 복잡한 아나그노리시스라고 할 수 있다.

영화나 TV 드라마와 최고의 그리스 비극에서 나타나는 페리페테이아와 아나그노리시스의 차이는 두 요소가 플롯 속으로 통합되는 방식이다. 처음부터 끝까지 이어지는 연속적인 사건들과 필연성이나 개연성이 없는 페리페테이아와 아나그노리시스는 플롯에 포함되어서는 안 된다는 것. *The A-Team*에서 매회 나타나는 반전은 결코 연속적인 사건들의 필연적인 결과가 아니며, 개연성도 없고 억지스러워 보인다. 말하자면, 그저 시청자들을 계속 추측하게 만드는 저급한 장치에 불과할 뿐이다.

그리스 비극에서 나타나는 플롯의 통일성은 우리에게 우리의 생각이나 행동들의 결과를 이해하도록 도와주는 사건들의 양상을 명확하게 해주기 위한 것이다. 페리페테이아와 아나그노리시스는 본질적으로 그런 양상들이 어째서 인생 경험이 부족한 사람에게 곧바로 분명히 떠오르지 않는지 깨닫도록 도와준다. 삶이란 한 시점에서 다음 시점을 향해 단순하게 진행되지 않고, 우리가 공들여 마련한 계획조차 뒤집어엎는 반전들이 넘쳐난다. 게다가 우리는 운명을 결정짓는 자신과 주변의 수많은 요인들에 대해 전혀 모르고 지내다가 뒤늦은 깨달음의 순간을 통해 어떤 중요한 요소들을 알게 되는 경우도 종종 있다. 페리페테이아와 아나그노리시스가 포함된 비극은 우리에게 어떤 운명의 불가피성을 알려주고, 우리는 어째서 그토록 자주 그 운명을 알아차릴 수 없는지 이해시켜 주기도 한다.

12장은 플롯에 관한 논의를 방해하는 뜬금없는 말이기 때문에 과연 아리스토텔레스가 직접 쓴 것인지, 아니면 적어도 플롯의 논의에 포함하고자 했던 부분인지 의문스럽다. 플롯의 통일성에 관해 논의하다가 갑자기 비극을 구성하는 여러 부분에 대해 언급하는 것은 아무래도 이상하다. 비극의 플롯이 잘 짜여야 한다는 주장은 어느 정도 현대 비극에도 적용될 수 있지만, 합창대의 노래가 여러 곡 삽입되어야 한다는 주장은 불필요한 듯하다. 그러나 여기서의 아리스토텔레스는 비극의 규범제정자가 아니라 비극 관찰자의 입장이란 사실을 다시 한 번 상기할 필요가 있다. 따라서 비극의 시간적 길이를 구성하는 여러 부분에 대한 언급은 관찰자로서 충분히 짚고 넘어갈 만한 내용이라고 할 수 있다.

12장을 보면 적어도 그리스 비극에 등장하는 합창대와 배우들의 대사가 서로 어떤 관계인지는 알 수 있게 된다. 프롤로그와 엑소드는 합창대의 모든 노래와 그 노래들 사이에 들어가는 에피소드를 에워싸며 말로써 전달된다. 그리고 합창대의 노래들은 현대 대중가요의 후렴 부분으로, 말로 전달되는 부분은 가사로 이해하면 좋다. 말로 전달되는 부분은 배우의 행동을 진전시키고 극의 특정한 부분들을 다루는 반면, 합창대의 노래는 배우들의 행동을 규정하고 극의 전반적 주제를 논한다.

Chapters 13-14

가장 우수한 비극의 구조는 단순하지 않고 복합적이어야 하며 두려움과 연민을 불러일으키는 사건들을 제시해야 한다. 따라서 세 가지 플롯은 피해야 한다. 첫째, 착한 사람이 행복하다가 불행해지는 플롯. 연민이나 두려움보다는 언짢은 기분을 자아내기 때문이다. 둘째, 악한 사람이 불행한 상태에서 벗어나 행복해지는 플롯. 감동은 물론, 연민이나 두려움도 불러일으키지 못한다. 셋째, 악한 사람이 행복하다가 불행해지는 플롯. 감동을 줄 수는 있겠으나 연민이나 두려움을 불러일으키지 못한다. 악한 사람이 죗값을 받는 것은 당연하지만 착한 사람이 부당하게 불행을 당하면 연민을 느끼고, 그가 우리와 처지가 비슷하다면 두려움까지 느낀다.

가장 좋은 플롯은 너무 착하거나 악하지 않은 정도의 인물이 어떤 불화나 다툼, 또는 악행이 아닌 하마르티아 때문에 불행에 빠지는 것이다. 따라서 다음의 네 가지 요소를 갖춰야 한다. 1) 한 가지 문제에 초점을 맞춰야 한다. 2) 주인공은 행복에서 불행으로 빠져야 한다. 그 반대는 안 된다. 3) 불행은 하마르티아 때문에 일어나야 한다. (4) 주인공은 도덕적인 면에서 볼 때 보통사람 정도의 수준이 좋고, 그 이상은 괜찮지만 그 이하면 곤란하다. 이 요소들을 보면 우수한 그리스 비극이 몇몇 가문—오이디푸스와 오레스테스 가문 등—의 이야기를 주된 소재로 삼고 있는 이유가 수긍이 간다. 반듯한 명문이었던 이런 가문들이 악을 저질러서가 아니라 판단 오류로 인해 고통을 당하는 것. 착한 사람은 잘 되고 악한 사람은 잘못되는 이중적 구조에 초점을 맞춰 대중의 입맛에 지나치게 영합하면 이류 플롯에 머물고 만다.

비극의 '즐거움'인 연민과 두려움은 무대 배경이나 의상 등 시각적 장치보다는 플롯 자체에서 생기는 쪽이 더 좋다. 플롯은 극으로 보지 않고 단지 듣기만 해도 연민과 두려움을 경험할 수 있도록 구성되어야 한다. 오이디푸스의 이야기가 좋은 예다. 두려움과 연민의 효과를 시각적 장치에 의존하는 일은 시인의 기술에 속하지 않는다. 시인은 모방을 통해 연민과 두려움에서 생겨나는 즐거움을 제공해야 하므로 그 즐거움을 플롯 속에서 구현해야 한다.

우리는 원수지간이나 서로 무관심한 사람들 사이보다는 친척이나 친구 또는 가족 사이에서 불화가 일어날 때 두려움과 연민이 생긴다. 가장 효과적으로 연민이나 두려움을 자아내는 행동은 1) 메데이아가 자식들을 죽이는 경우처럼 알고서 저지르는 방식, 2) 오이디푸스가 아버지를 죽이는 경우처럼 모르고 실행에 옮겼다가 나중에 알게 되는 방식, 3) 알지 못하고 돌이킬 수 없는 행위를 저지르려는 순간에 어떤 사실이 밝혀지면서 계획을 취소하는 방식이다.

이처럼 연민과 두려움을 자아내는 행위는 실행될 수도 있고 실행되지 않을 수도 있으며, 행위자가 알 수도 있고 모를 수도 있다. 사실의 인지나 확인이 처참한 행위를 막게 되는 세 번째 경우가 최고의 플롯이고, 모르는 상태에서 행위가 일어나는 경우가 두 번째이며, 모든 것을 알고 있는 상태에서 실행에 옮겨지는 경우가 세 번째다. 그리고 최악의 플롯은 모든 사실을 알고 있으면서도 일단 실행하려다가 마지막 순간에 못하는 것이다. 이런 상황에서는 가슴 아플 일이 전혀 없고 오히려 언짢은 기분만 들기 때문에 비극이라고 부를 수도 없다. 그럼에도 불구하고 아리스토텔레스는 소포클레스의 비극 〈안티고네 *Antigone*〉에서 하에몬이 크레온을 죽이려다가 멈춘 경우처럼 극히 예외적으로 극 전반에 크게 영향을 주지 않는 경우도 있다고 덧붙인다.

: 풀어보기

그리스어 하마르티아는 '과오' 또는 '결점' 정도로 번역할 수 있으나 죄악이나 도덕적 타락 등의 의미는 없다. 오늘날 우리가 생각하는 비극의 개념과 주인공의 '비극적 오류'에는 파국으로 이어지는 지나친 자만의 개념이 포함되어 있다. 예를 들면, 스스로 하느님의 율법이나 국법을 무시해도 괜찮다고 생각할 만큼 오만하게 굴다가 결국 그 값을 톡톡히 치르는 맥베스는 뚜렷한 비극적 결점을 지닌 비극적 주인공이다. 맥베스의 파멸은 도덕적 결함에 기인하며, 그의 죄에 상응하는 하느님의 응징이라고 볼 수 있다. 물론, 〈맥베스〉에는 그리스 비극에서는 찾아볼 수 없는 기독교적 색채가 짙게 배어 있다. 아리스토텔레스가 제시하는 하마르티아의 개념—사실상 전반적인 그리스 비극—을 이해하려면, 고대 그리스인들의 윤리관과 우주관을 이해해야 한다.

고대 그리스의 윤리관은 의무감으로 유지되는 서구의 윤리관에 비해 덕(탁월함)의 개념에 좀더 바탕을 두고 있다. 그리스의 실체 개념은 선과 조화의 개념에 밀접하게 결부되어 있으며, 이런 관념은 플라톤의 형상론에서 분명히 표현되고 있다. 즉 실재 세계는 완전하고 변치 않는 형상들로 이루어져 있으며, 가능한 한 최선을 다해 이 실체에 근접하는 것이 우리의 의무라는 것. 그리스인들에게 덕이란 인간의 참된 본성에 도달하고 참된 형상을 찾는 문제다. 따라서 도덕적 결함은 죄가 되는 반항의 문제라기보다는 이유야 어떻든 참된 본성에 도달할 수 없는 오류 또는 결점의 문제인 것이다.

이처럼 기독교적 윤리관과 다른 그리스 윤리관에서 나타나는 도덕적 결함의 개념이 하마르티아이다. 아리스토텔레스가 거듭 지적하듯 그리스 비극의 주인공들은 나쁜 사람들이 아니라 어떤 중요한 자질이 조금 부족한 좋은 사람들이다. 그리스 비극은 나쁜 짓을 저지른 악인들이 치르는 죗값은 조금 덜 보여주고, 인간의 무지나 과오가 초래하는 참담한 결과를 더 많이 보여주려고 한다. 우리는 너나 할 것 없이 어느 정도는 무지하고 결함이 있으며, 그로 인한 과오들로 고통을 겪을 수 있기 때문에 그 행위가 비극적인 것이다. 결국 비극은 자연의 냉엄한 현실이지 정의와 응징의 문제가 아니다.

이 부분에서 아리스토텔레스는 관찰자의 모습은 많이 줄어들고 입법자의 면모를 훨씬 많이 띠고 있다. 단순히 비극들이 어떤 식으로 전개되는 경향이 있다고 말하는 대신, 최고의 비극적인 플롯이 어떤 것인지에 관한 주장을 펼치면서 소위 '비극적 즐거움'인 연민과 두려움을 최대화할 수 있는 방법에 대해 공공연히 묻고 있는 것이다. 그가 연민과 두려움을 '비극적 즐거움'이라고 지칭한다는 사실은 비극이 자아내는 연민과 두려움은 우리가 실제 상황에서 경험할 수도 있는 바로 그 느낌들을 의미하지는 않는다는 좀더 확실한 증거가 된다.

　그러나 그는 이러한 종류의 연민과 두려움을 훌륭한 비극의 목적으로 취급하는 것 같다. 따라서 비극시인은 심리치료 이상을 목표로 삼는다고 암시했던 6장의 '풀어보기'와 모순되는 듯하지만, 연민과 두려움을 어떤 다른 목적에 필요한 수단으로 취급한다면 이 수수께끼에 대한 답이 될 수도 있다. 그가 비극의 가치는 단순히 비극의 감정적인 효과에 있지 않고 그 감정적 효과들이 번갈아가며 우리 내면에서 불러일으키는 그 무엇에 존재한다고 생각하는 것은 분명하다. 그것의 궁극적인 목적을 한마디로 말하기는 어려워도 우리의 결함, 운명, 행위 등에 대한 폭넓은 깨달음과 어느 정도 관계가 있으며, 그 깨달음은 우리의 무지와 결함을 극복하도록 도와줄 것이다. 요컨대, 비극은 우리 자신의 하마르티아 극복에 도움이 될 수 있다.

　그러나 아리스토텔레스가 관심을 집중하는 부분은 연민과 두려움을 가장 효과적으로 이끌어내는 방법이다. 그 하나는 비극의 주인공은 너무 착한 사람이거나 너무 극악무도한 사람이면 안 되고, 관객들이 자신보다 조금 낫다고 생각할 정도가 좋다. 그런 사람이 자신의 결점 때문에 고통당하는 모습을 보면 감정이입이 되면서 연민과 두려움을 느끼게 된다는 것.

　무지가 앎으로 바뀌면서 재앙을 아슬아슬하게 벗어나

는 플롯이 최고라는 아리스토텔레스의 주장 역시 어딘지 이전 내용과 모순된다고 생각될 수 있다. 그는 비극의 주인공은 행복한 상태에서 불행한 상태가 되어야 한다고 암시하는 것 같은데, 아나그노리시스의 순간에 이르면 이미 숱한 불행을 겪었다고 생각할 수도 있는 상황이다.

Chapter 15

아리스토텔레스는 비극적 주인공의 성격으로 관심을 돌려 네 가지 요건을 피력한다. 첫째, 주인공은 좋은 사람이어야 한다. 주인공의 성격은 극에서 드러나는 그의 도덕적 목표 의식을 나타내는데, 좋은 사람이 좋은 도덕적 목표 의식을 지닌다. 둘째, 주인공의 훌륭한 자질들이 그 인물과 어울려야 한다. 예를 들면, 용맹스러움은 좋다고 할 수 있지만, 여자에게는 어울리지 않는다. 셋째, 주인공은 사실적이어야 한다. 다시 말해, 주인공을 신화에서 끌어냈다면 신화에서 묘사되는 인물과 아주 비슷해야 한다. 넷째, 주인공은 일관성을 가져야 한다. '일관성'은 주인공이 일관되게 행동해야 한다는 것이 아니라 일관되게 그려져야 한다는 의미. 즉 일관성이 없는 인물의 경우에는 그런 면이 일관되게 그려져야 한다는 것이다. 플롯과 마찬가지로 인물들의 행동은 그들의 성격을 드러낸다는 논리에 따라 필연적이거나 개연적으로 그려져야 한다. 따라서 일관성이 없는 인물은 우리가 그 모순이 그의 일관된 내적 성향에서 비롯된다고 인식할 수 있는 한, 일관성 없게 행동해도 된다.

인물들의 성격이 이들 네 가지 요건을 갖추었다면, 러시스는 무대 장치 같은 인위적 수단에 의존하지 않고 플롯에서 자연스럽게 드러나야 한다. 인물들과 플롯이 필연적이고 개연적인 흐름을 따라 움직이는 만큼, 러시스도 같은 흐름의 일부여야 하는 것. 개연성 없는 사건이나 신의 개입 등은 인간이 이해할 수 없는 과거나 미래의 사건처럼 극의 범위 밖에서 생긴 사건을 다룰 때만 쓸 수 있는 수단이다. 그 이외의 극중의 사건들 자체는 모두 비합리적 요소가 개입되지 않은 개연성과 필연성에서 비롯되어야 한다.

좋은 사람이면서 사실적이어야 한다는 요건을 갖춘 주인공을 그려내기 위해 시인이 적용할 수 있는 방법은 그 인물의 뚜렷한 개성을 분명히 드러내면서도 손질을 잘 해서 실제보다 더 멋지게 보이도록 하는 것이다. 예를 들면, 호머는 〈일리아드〉에서 아킬레스를 급하고 모진 성격에도 불구하고 도덕적으로 훌륭하고 영웅적인 인물로 묘사하고 있다.

아리스토텔레스는 6장에서 비극의 구성요소에 대해 설명하면서 인물의 성격과 사고력은 행위자의 속성이라고 말했다. 요컨대, 성격은 인물의 도덕적 측면이고 사고력은 지적 측면이다. 사고력은 대개 일반적 진리 등을 공표하는 연설에서 드러나며, 다른 모든 사람들과 공유하는 것, 그리고 타인들에게 직접 분명히 표현될 수 있는 것이다. 성격은 각 개인에게 독특한 것이다. 사람들이 원하는 것, 그것의 동기, 원하는 것을 얻기 위해 기꺼이 하는 것, 원하는 것을 원하는 이유 등이 모두 성격의 영역에 속한다.

사고력과 성격의 차이는 어쩌면 사고력은 직접 표현될 수 있는 반면, 성격은 추론될 수밖에 없다는 말로 설명할 수 있을지 모르겠다. 햄릿의 유명한 독백 '사느냐 죽느냐'를 예로 들면, 햄릿은 자살 여부를 놓고 고민하고 있다. 한편으로는 삶은 고통과 불행으로 가득하며 가장 빠른 탈출구는 죽음이라는 추론과 다른 한편으로는 죽고 난 뒤의 일은 아무도 모르고 어쩌면 죽음이 삶보다 훨씬 못할 수도 있다는 추론 사이에서 자살을 놓고 망설이는 것이다. 햄릿의 사고력은 추론으로 표현되고 있다. 우리는 햄릿의 추론을 이해할 수 있고, 따라서 우리 스스로 어떤 추론이 좋고 나쁜지도 판단할 수 있다. 성격은 좀더 미묘하고 복잡하다. 햄릿의 사고력 자체는 보편적으로 이해될 수 있지만, 이런 사고력을 표출할 수밖에 없는 성격은 모호하다. 햄릿은 왜 자살을 생각하는 것일까? 무엇 때문에 이런 이유들을 제시하고 이런 식으로 표현하는 것일까? 어째서 자살을 반대하는 이유가 더 설득력이 있다고 생각하는 것일까? 햄릿이 궁극적으로 하고 싶은 것은 무엇일까? 사고력을 이해하는 것은 단순한 해석상의 문제지만, 성격을 이해하는 것은 예리한 심리적 통찰력이 요구되는 불확실한 과정이다. 성격은 어쩌면 말로는 표현할 수 없는 인물의 전부일지 모른다.

아리스토텔레스는 성격을 이해한다는 것이 어렵다는 점을 감안해서 주인공의 성격을 단순하게 설명한다. 첫째와 둘째 요건은 도덕적으로 착하고 적합해야 한다는 것이다. 즉 주인공의 동기, 욕망, 야망 등이 어느 정도는 수긍하고 칭송할 만한 것이면서 그의 신분과 잘 어울려야 한다. 셋째는 관객들이 이미 주인공에 대해 알고 있는 내용과 어긋나지 않아야 하고, 넷째는 행위의 일관성이다.

인물들이 일관성이 있어야 한다는 요구는 아리스토텔레스가 요구한 플롯의 통일성과 여러 면에서 맥이 닿아 있다. 플롯 속의 행동 하나하나는 모두 다른 행동과 인과적으로 연결되어야 한다. 전체적으로 볼 때 비극은 시계 같은 내적인 일관성을 지녀야 하며, 따라서 사태들이 진전되는 방식에서 필연성에 가까운 결과를 보여야 한다. 마찬가지로 그 인물은 모든 결정과 행동이 하나이면서 일관된 성격의 표출로 해석될 수 있는 방식으로 행동해야 한다. 결국 등장인물들도 시계 같은 규칙성을 가져야 하며, 전체적으로 우리가 알고 있는 주인공의 성격에 근거해서 그의 모든 결정에는 외관상의 필연성이 존재해야 한다.

아리스토텔레스는 주인공이 일관성 없이 행동할 수 있다는 점을 완전히 배제하지 않으면서도 비극 전체를 놓고 볼 때는 그 행동이 납득될 수 있어야 한다고 말한다. 어떤 상황에서는 이렇게 행동하고 또 다른 상황에서는 모순되게 행동한다고 할지라도 커다란 맥락에서는 그 모순이 이해되어야 한다는 것이다. 일관성이 없거나 애매한 행동이 결코 명확해지지 않는 비극들은 비난받아 마땅하다.

아리스토텔레스에 따르면, 비극의 주인공은 지체가 높고, 덕스럽고, 참되게 살며, 일관성이 있다. 이런 요건들은 어느 정도까지는 극 안에서 상대적으로 투명한 도덕적 세계관과 심리에 대한 이해를 통해 표출된다. 그러나 동기들이 불분명하고 다른 사람의 마음속을 알기가 쉽지 않은 세상에서 어떤 인물이 마냥 '선한지' 또는 선의 구성요소가 무엇인지를 판단하기는 어려울 수 있다. 게다가 극의 끝에서 그 동기가 표면으로 떠오르지 않는다면 그 인물은 일관성이 없거나 최소한 애매하게 보일 수도 있다. 특히 에우리피데스는 도덕적·심리적 모호함이 가득한 비극들을 집필한 것으로 유명하다. 아리스토텔레스가 에우리피데스보다는 그 면에서 훨씬 분명한 소포클레스를 선호한 듯 보이는 것은 놀라운 일이 아니다. 그러나 돌이켜보면, 이것은 옳고 그름의 문제가 아니라 취향의 문제라고 할 수 있다.

Chapters 16-18

　　아리스토텔레스는 아나그노리시스를 여섯 가지로 나눠 설명한다. 첫째, 어떤 징표 등을 통한 아나그노리시스. 유모가 오디세우스의 몸에 있는 독특한 상처를 보고 그를 알아보는 예가 그것이다. 이런 식의 아나그노리시스는 시인의 상상력 부족을 반영하며 예술성이 가장 낮다. 둘째, 시인이 조작한 아나그노리시스인데, 자연히 비예술적이다. 플롯의 논리적 흐름 속에 아나그노리시스를 삽입할 능력이 부족하기 때문에 아무 데서나 관객에게 알리고 싶은 사실을 말하는 것. 셋째, 기억을 통한 아나그노리시스. 눈물겨운 상황에서 무엇을 보거나 듣다가 불현듯 예전에 경험한 기억이 되살아나는 것. 넷째, 추리를 통한 아나그노리시스. 생각을 논리적으로 정리하다가 도달하는 결론인데, 아리스토텔레스가 두 번째로 좋은 깨달음이라고 꼽는다. 다섯째, 관객의 그릇된 추리에 의존하는 아나그노리시스를 꾸며낼 수 있다. 변장한 인물이 혼자만 알 수 있는 비밀을 누설하면 그가 누구인지를 드러내리라고 추정하는 것. 여섯째, 연속적인 사건들 자체에서 자연스럽게 드러나는 아나그노리시스. 아리스토텔레스가 최고로 꼽는데, 〈오이디푸스 왕〉에서 발견된다.

시인이 플롯을 구성할 때 고려할 사항은 일곱 가지다. 1) 시인은 묘사하려는 이야기를 가급적 충분히 상상해 보아야 한다. 그래야 자기 목적에 꼭 들어맞는 것을 발견할 수 있고 모순되는 장면들을 놓칠 가능성이 거의 없어진다. 2) 시인은 묘사하려는 인물들의 행동들을 자세히 연기해 보아야 한다. 그 인물들의 감정을 실제로 느끼게 되면 좀 더 생생한 효과를 낼 수 있을 것이다. 3) 시인은 먼저 전체적 구도를 설정한 다음에 삽화 성격의 짤막한 에피소드들로 살을 붙여야 한다. 일반적으로 비극의 에피소드들은 짧지만, 서사시의 에피소드들은 아주 길어질 수도 있다. 그 예가 〈오디세이〉인데, 플롯을 이루는 큰 골격은 세 문장으로 요약할 수 있으며, 나머지는 전부 삽화인 에피소드이다. 4) 모든 비극에는 데시스와 러시스가 있다. 페리페테이아에 이르기 직전까지의 모든 일이 데시스이고, 페리페테이아의 시작부터 끝까지 이어지는 모든 일이 러시스이다. 5) 비극은 네 종류로 분명하게 구분되며, 시인은 선택한 종류의 비극이 지닌 중요한 특성을 모두 수용하려고 노력해야 한다. 비극의 네 종류는 페리페테이아와 아나그노리시스를 바탕으로 하는 복합적 비극, 고통의 비극, 성격의 비극, 단순한 비극이다. 6) 시인은 비극을 일종의 서사시, 즉 플롯이 여럿인 구조로 만들지 말고 몇 가지 사건을 집중적으로 다뤄야 한다. 아무리 애를 쓰더라도 〈일리아드〉의 이야기 전체를 극화할 수는 없기 때문이다. 7) 합창대도 하나의 배우로 취급해야 한다. 따라서 합창은 이야기의 한 부분이어야 한다. 아리스토텔레스는 합창이 플롯과 무관한 비극이 많다는 점에 대해 한탄한다.

아나그노리시스에 대한 논의는 아나그노리시스가 페리페테이아와 연결될 때 연민과 두려움을 자아내는 효과만점의 비극적 반전이 이루어져서 가장 효과적이라고 말했던 10장과 11장의 내용을 좀더 깊이 음미하는 것이라고 볼 수 있다. 아리스토텔레스가 분류한 여섯 번째 유형의 아나그노리시스는 암시하는 점이 많은 것 같다. 깨달음의 순간은 플롯과 정교하게 맞물려 있을수록 더욱더 효과적이다. 따라서 강제적이거나 작위적이면 안 된다.

비극시인이 플롯을 구성할 때 고려할 일곱 가지 사항은 따분하며 이전 내용의 반복에 불과하다. 이를테면, 비극시인들은 실제 집필 과정에 대해서는 철학자인 아리스토텔레스보다 더 조예가 깊기 때문에 사전에 1) 장면을 충분히 상상해 보아야 한다든가, 2) 실제로 연기를 해보아야 한다는 식의 충고는 필요가 없다. 3), 6), 7)은 모두 플롯의 통일성을 상술하고 있으며, 비극의 종류를 단순히 나열한 5)는 어딘가 이상하다. 앞부분에서 이야기했던 내용들과 어긋나는 것처럼 들리기도 하고, '고통의 비극', '성격의 비극'이 정확히 어떤 의미인지 의문스럽다.

4)의 데시스와 러시스는 일곱 가지 사항 가운데 가장 재미있는 부분이다. 그리스어 데시스는 '얽힘'이고 러시스는 '풀림'을 뜻하는데, 불어의 '드누우망(denouement. 대단원)'과 같다. 데시스와 러시스는 아리스토텔레스가 비극 작품들을 어떤 식으로 이해하는지 충분히 짐작할 수 있게 한다. 플롯은 복잡한 하나의 매듭으로 엉켜 있다가 풀어지는 실타래 같다는 것. 즉 플롯은 페리페테이아를 중심으로 구성되며, 그 페리페타이아의 순간부터 매듭이 풀리기 시작한다. 페리페타이아 이전까지의 모든 사건은 플롯을 복잡하게 엉키도록 만들어야 하고, 그 이후의 모든 사건은 복잡하게 얽힌 것들을 풀어주어야 한다는 것이다.

그 매듭은 은유적으로 긴장을 뜻한다고 볼 수도 있다. 비극의 플롯은 긴장을 고조시키다가 결국 풀어지게 만든다. 우리가 러시스에서 발견하는 긴장의 해소를 감안한다면, 어째서 아리스토텔레스가 카타르시스를 비극의 바람직한 효과라고 간주했는지 이해할 수도 있다.

Chapters 19-22

플롯과 인물의 성격에 대한 논의를 끝낸 아리스토텔레스는 사고력과 언어적 표현을 살펴보기 시작한다. 흥미로운 사실은 그가 비극의 여타 구성요소인 노래나 시각적 장치에 대해서는 별도로 논하지 않는다는 점이다. 사고력은 언어를 통해 나타낼 수 있는 모든 효과를 포함한다. 사고력의 기능은 입증, 반박, 연민, 두려움 등의 감정을 일으키는 것과 어떤 사실의 중요성 여부를 주장하는 것, 등이다. 따라서 사고력은 본질적으로 수사학과 밀접한 관련이 있기 때문에 자세한 내용은 〈수사학 *Rhetoric*〉에서 다루기로 한다.

언어적 표현은 글자요소, 음절, 접속사, 연결사, 명사, 동사, 굴절, 문장 등의 여덟 범주로 나눌 수 있다. 이 용어들은 대부분 오늘날 문법에서도 쓰이고 있지만, 아리스토텔레스는 문어보다는 구어를 염두에 두고 있다는 점을 유의해야 한다. 따라서 언어 건축용 기본 벽돌인 글자요소를 하나의 글씨로 보지 않고 소리의 단위로 취급한다. 낯선 개념인 굴절은 명사나 동사의 상태인데, 격이나 수의 차이와 말의 전달 방식에 관련된 사항으로 한 낱말의 다른 쓰임새를 일컫는 개념이다. 예를 들면, '개와 함께'와 '개들을 위해'는 '개'의 다른 굴절이고, "걸었니?"와 "걸어!"는 '걷다'의 다른 굴절이다. 문장의 개념은 오늘날의 문장보다는 절의 개념에 가깝다. 반드시 동사가 들어가지 않아도 되지만, 문장의 일부는 항상 자체적인 의미를 갖는다.

21장은 명사의 구조와 사용에 대해 논하는 부분이지만, 실제 내용은 은유의 사용에 집중되어 있다. 은유의 사용 방식은 네 가지다. 1) 유(類)에서 종(種)으로. 특정한 낱말 대신 좀더 일반적인 낱말을 쓰는 방식. 아리스토텔레스의 예. "내 배가 여기 서 있다"에서 '서 있다'는 특정한 낱말 '정박해 있다' 대신 쓰인 좀더 일반적인 낱말. 2) 종에서 유로. 일반적인 낱말 대신 특정한 낱말을 쓰는 방식. "율리시스는 실로 만 가지 선행을 했다"에서 '만 가지'는 '아주 많은'이란 일반적인 낱말 대신 사용한 특정한 낱말. 3) 종에서 종으로. 특정한 낱말 대신에 또 다른 특정한 낱말을 사용하는 방식. 4) 유추에 의해 한 낱말을 옮겨 사용하는 방식. 예를 들면, 노년과 인생의 관계는 저녁때와 하루의 관계와 같다. 따라서 '하루의 노년'이나 '인생의 저녁' 같은 은유를 사용할 수 있다.

아리스토텔레스는 문체에 관한 몇 마디 언급으로 언

어적 표현에 대한 논의를 끝낸다. 시인은 자신이 전달하려는 내용을 표현할 때 명확하면서 천박하지 않게 중용의 자세를 지켜야 한다. 평범한 낱말과 진부한 언어를 쓰면 천박하고 무미건조해진다. 외래어와 낯선 낱말들, 은유, 복합어 등을 쓰면 시에 양념을 친 듯한 효과가 생기지만, 지나치면 시 자체를 이해하기 어렵게 만든다. 외래어를 너무 많이 쓰면 난해해지고, 은유를 남발하면 시가 수수께끼가 되어버린다. 따라서 모든 언어 표현에서는 언제나 중용이 필요하다. 이들 도구를 적절히 사용하는 것이 중요하지만, 은유를 능숙하게 구사하는 일이 가장 중요하다. 은유는 배울 수 있는 것이 아니라 타고난 능력의 표시이기 때문이다. 서로 다른 대상들 안에서 유사성을 찾아내려면 어느 정도의 천재성이 필요하다.

19장부터 22장까지는 〈시학〉에서 가장 재미없는 부분이라고 할 수도 있다. 비극에서 인물의 사고력과 언어적 표현은 플롯과 성격에 비해 중요성이 떨어진다. 게다가 상당 부분은 고대 그리스어를 모르면 이해하기가 어렵다. 특히 문법적 문제를 다루는 20장과 21장은 전체적인 맥락에서 볼 때, 뜬금없어 보이기 때문에 아리스토텔레스가 쓴 것이 아니라고 생각하는 학자들이 많다.

아리스토텔레스가 성격과 사고력을 구별한다는 사실은 이미 우리가 잘 알고 있다. 사고력은 인물이 말로 표현하는 것 전부를 가리킨다. 남을 설득하기 위해 하는 말, 어떤 판단의 내용, 다른 사람에게 느낌을 전하기 위해 하는 말 등이 모두 사고력을 드러내는 것이다. 어떤 인물이 의식적으로 다른 사람들에게 심어주려고 하는 자신의 인상을 사고력이라고 일컬을 수 있다. 그리고 말로 드러나지 않는 인물의 행위도 사고력의 반영이라고 이해할 수 있을 것이다.

우리는 또한 아리스토텔레스가 관객들로부터 연민과 두려움을 자아내는 것이 비극의 주된 목적이라고 주장한 사실과 비극이라는 시는 무엇보다도 플롯이라는 수단을 통해 관객들로부터 그런 정서를 이끌어내야 한다고 말한 사실을 기억하고 있다. 그런데 사고력을 논하면서 인물은 언어라는 수단을 통해 상대방의 감정을 자극할 수 있다고 말하고 있다. 이렇게 보면 비극이라는 시와 시인이 빚어낸 인물에는 같은 면이 있다고 말할 수 있다. 결국 플롯은 시인이 감정 자극하기 위해 사용하는 암묵적인 수단이고, 플롯 속의 인물은 감정을 자극하기 위한 명시적인 수단이라고 할 수 있을 것이다.

은유에 대한 논의는 비록 그가 은유의 본질과 역할을 온전히 파악하고 있지 못하다는 점을 드러내면서도 나름대로 흥미로운 시각을 제시한다. 은유를 문학적으로 표현된 어떤 내용을 더 맛깔스럽게 만들려고 뿌리는 양념처럼 생각하는 것. 따라서 시가 진부하고 평범한 수준을 벗어나도록 해주는 은유의 가치를 인정하면서도 은유를 남발하면 시 자체를 이해하기 어렵게 만든다는 점을 주지시키고 있다.

은유에 대한 그의 견해를 접하면서 우리는 두 가지 반론을 제기할 수 있다. 첫째, 은유는 단순한 말의 장식 수단이 아니라는 것과 말의 의미를 모호하게 만들지 않고 오히려 분명하게 해준다는 점이다. 이를테면, "줄리엣은 태양이에요"라는 로미오의 말은 단순히 "줄리엣은 너무 아름다워요"에 비해 감정이나 느낌을 훨씬 생생하게 전달한다. 둘째, 은유는 그저 한 낱말을 다른 낱말로 바꿔 쓰는 차원의 문제가 아니다. 로미오가 줄리엣을 '태양'이라고 말했을 때는 그 한 마디에 너무 많은 로미오의 생각과 느낌, 즉 줄리엣의 모습이 환하게 빛난다든가, 줄리엣은 그의 삶을 지속시키는 이유라든가, 줄리엣은 그에게 너무나 따사로운 존재라든가, 등의 의미가 담겨 있는 것이다. 따라서 이처럼 단순한 은유를 어떻게 '글자그대로의' 문장으로 옮길 수 있을지 불분명하다. 은유 가운데는 아예 글자그대로의 문장으로 바꿀 수 없는 것들도 많다.

끝으로, 은유를 전혀 사용하지 않고 말하는 것은 거의 불가능하다는 점을 지적할 수 있다. 아리스토텔레스는 "내

배가 여기 서 있다"는 은유를 예로 들면서 자신도 모르게 위의 사실을 시인하는 셈이 되었다. 그는 '서 있다'가 '정박해 누워 있다'의 은유라고 설명하는데, '누워 있다' 자체가 이미 은유인 것이다. 물론, 번역에 따른 문제라고 할 수 있지만, 어쨌든 은유적이지 않은 표현은 찾아보기 어렵다. 은유법은 언어 사용 능력의 본질적인 부분이므로 언제는 그대로 말하고 언제는 은유를 사용할지 결정하기가 종종 매우 어렵다.

Chapters 23-24

　　아리스토텔레스는 서사시로 눈길을 돌린다. 비극의 미메시스, 즉 모방은 극 속에서 인물들의 행동으로 나타나고, 서사시의 미메시스는 이야기를 전하는 운문에서 나타난다. 그런데 비극과 서사시는 비슷한 점이 아주 많다.

　　첫째, 서사시도 플롯의 통일성이 있어야 한다. 이 점에서 서사시와 비극은 역사와 대비된다. 역사는 특정한 시기에 특정한 민족에게 일어났던 우연한 사건들을 서술하기 때문에 사건들이나 시대들 사이에 연관성이 없을 때가 많다. 서사시는 하나의 유기적인 이야기에 초점을 맞춰야 하는데, 그런 식으로 서사시를 쓴 시인이 호머이다. 호머는 〈일리아드〉에서 트로이 전쟁 때 일어났던 모든 일을 설명하려 들지 않고 연관성 있는 하나의 특정한 이야기를 노래하고 있다.

　　둘째, 서사시도 비극의 요소를 많이 공유해야 한다. 따라서 비극처럼 단순한 서사시, 복합적 서사시, 성격의 서사시, 고통의 서사시 등의 유형을 가져야 한다. 시각적 장치와 노래 이외의 요소들은 서사시도 공유해야 하기 때문에 페리페테이아, 아나그노리시스, 고통의 장면이 필요하다.

반면, 서사시와 비극 사이에는 두 가지 커다란 차이점도 있다. 첫째, 길이. 일단 한 번 낭송을 시작해서 끝낼 수 있는 길이라는 조건만 충족된다면, 서사시는 여러 편의 비극을 연결한 길이 정도까지 늘일 수 있다. 서사시의 플롯은 무대라는 제약 조건이 없기 때문에 폭넓을 수 있고, 다른 장소에서 동시에 벌어지는 사건들을 시공을 뛰어넘어 노래할 수 있다. 둘째, 비극은 주로 대화체에 어울리는 단장격(短長格) 운율을 사용하지만, 서사시는 엄숙하고 장중한 6보격 운율을 사용한다.

아리스토텔레스가 훌륭한 서사시로는 언제나 호머의 예를 드는 것으로 보아 호머의 작품들을 높이 평가했다는 사실을 쉽게 알 수 있다. 아리스토텔레스는 시인 자신의 말은 가급적 삼가하고 완전히 성격이 부여된 인물이나 행동을 통해 이야기를 전하는 호머의 전개 방식을 칭찬하고, 과장된 사건도 실제처럼 그럴 듯하게 만들 수 있는 방법을 보여주기 위해 호머를 내세운다. 비극은 무대 공연이라는 제약 때문에 사실감이 떨어지는 이야기는 전하기 어렵다. 불가능해도 그럴듯하게 여길 수 있는 사건이 가능해도 그럴듯하게 여길 수 없는 사건보다 낫다. 아리스토텔레스는 플롯은 결코 불합리한 부분들로 구성되면 안 된다면서도 〈오디세이〉에서 나타나는 플롯 상의 결점을 대수롭지 않게 처리하는 호머의 능력에 찬사를 보낸다.

아리스토텔레스는 지나치게 화려한 문체는 사용하지 않는 것이 좋다고 주의를 환기시킨다. 인물의 행동이 없다거나 성격 묘사나 사고력 등이 제시되지 않는 부분에서는 글을 강렬하게 써야겠지만, 성격이나 사고력 등이 제시되는 부분에서는 언어적 표현 자체가 너무 화려해지면 그런 중요한 요소들이 빛을 잃을 수도 있다는 것.

아리스토텔레스는 비극과 서사시가 모두 영웅적 행위, 고결한 인물, 비극적 고통 등을 모방하려고 한다는 점에서 전반적으로 비슷하다고 여기는 것 같다. 커다란 차이점은 비극이 모든 것을 행동을 통해 전달하는 반면, 서사시는 오직 언어라는 수단을 통해 전달한다는 것이다. 같은 장르에 속하는 비극과 서사시는 표현 수단의 차이로 인해 가해지는 제약을 받는다. 예를 들면, 비극은 서사시만큼 길 수 없고, 많은 사건을 보여주거나 공상적인 사건들을 다룰 수 없다. 또 한편으로는 비극은 좀더 집약적이고, 서사시는 음악이나 무대 공연의 광경을 활용할 수 없다.

비극은 서사시에 비해 훨씬 사실적인 매체인 것 같다.

비극 속의 모든 것이 우리 눈앞에서 펼쳐지기 때문에 인물들의 행동은 인간 세상에서 벌어질 수 있는 영역으로 제한되는 것이다. 물론, 당시 그리스의 무대 기술은 상당히 발전해서 배우가 기중기에 매달려 날아다니기도 했지만, 이러한 특수 효과를 지나치게 사용하면 진지함이 떨어진다. 사실, 위대한 희극시인 아리스토파네스*는 그런 기계 장치들을 이용해서 희극적 효과를 내기도 했다.

　반면, 모든 것을 순전히 이야기로 풀어나가야 하는 서사시는 시인과 청중의 상상력에 의존하는 한계가 있다. 그러나 사건들이 눈앞에서 실제로 펼쳐지지 않기 때문에 시인은 가능성이 희박하거나 개연성이 떨어지는 상황에 대해서도 청중들에게 거부감을 주지 않으면서 무리 없이 노래할 수 있다. 그 예는 〈일리아드〉에서 아킬레스가 적장 헥토르를 추격하는 장면이다. 아킬레스는 헥토르를 추격하느라고 트로이 성벽을 세 바퀴나 돌게 된다. 그동안 다른 그리스 군사들에 대한 언급은 없는데, 팔짱을 끼고 앉아 구경만 하고 있었던 것으로 추정된다. 그런 장면이 무대 위에서 펼쳐진다면 곧바로 있을 수 없는 일이라는 느낌을 주겠지만, 호머는 능숙하게 아킬레스와 헥토르라는 인물에만 초점을

---

* **아리스토파네스**(Aristophanes, 445~385 B.C.?): 그리스 희극시인. 신식 철학·소피스트식 신식 교육·전쟁·권력자 등을 비난하고 풍자함. 주요 작품은 〈연회의 사람들〉 등.

맞춰 자칫하면 청중은 그 불합리를 눈치 채지 못하게 된다.

　　서사시의 웅장한 특징은 6보격 운율에 의해서도 생겨난다. 부자연스럽지만 엄숙하고 장엄한 6보격 운율은 인물들의 예사롭지 않은 언변과 대단한 행동들이 서로 잘 어울리도록 만든다. 반면, 비극은 일상적인 대화체의 운율과 많이 닮은 단장격 운율을 취한다.

　　이 같은 차이점들에도 불구하고 아리스토텔레스는 서사시와 비극의 작품성은 비슷한 기준에 의해 평가할 수 있다고 생각하는 것 같다. 서사시나 비극 모두에 가장 중요한 점은 플롯의 통일성을 유지하는 것이다. 서사시는 길이 덕분에 많은 이야기와 곁가지가 삽입될 수 있는 이점을 가졌지만, 비극에서 아주 드물게 발견되는 곁가지처럼 철저하게 플롯에서 벗어나지 말아야 한다. 추측컨대, 성격에 관한 요구사항은 서사시와 비극의 주인공에게 비슷하게 적용된다. 장르의 차이에도 불구하고 작품성을 판단하는 근본 기준은 똑같은 듯하다.

Chapters 25-26

아리스토텔레스는 시에 대해 쏟아질 수 있는 여러 가지 비판을 언급한다. 우선 생각해 볼 수 있는 시비는 사건의 개연성 정도에 대한 것이다. 그 비판은 두 가지 범주에 해당한다. 시인이 기술적 지식이 부족해서 불가능한 것을 펼쳐보였다면 그 잘못은 그다지 심각하지 않다. 예컨대, 시인이 말의 습성을 모른다면 양쪽 앞다리를 동시에 허공으로 뻗친 말을 그려 놓을 수 있다. 이 경우에 오류를 범한 것은 사실이지만, 그런 방식으로 정서적 효과를 높였다면 목표를 달성한 것이 된다. 그러나 시인이 아주 잘 알고 있는 것을 정확히 묘사할 능력이 부족해서 불가능한 것을 펼쳐보였다면 그 잘못은 좀더 심각하다.

그러나 불가능한 사건들—〈일리아드〉에서 아킬레스가 헥토르를 추격하는 장면—도 종종 이야기를 한층 놀랍고 가슴 졸이게 만들지만, 가능한 사건들을 펼쳐 보이면서도 비슷한 효과를 달성할 수 있다면 시인은 당연히 그 방법을 택해야 한다. 시인은 언제나 납득시킬 수 없는 가능성보다는 납득시킬 수 있는 불가능성을 목표로 삼아야 한다.

게다가 모든 시가 사물들을 있는 그대로 그리려는 것도 아니다. 어떤 시인들은 사물들을 응당 그래야 할 모습으로 그려내고, 어떤 시인들은 사실성보다는 본 대로 또는 생각나는 대로 그려낸다. 이를테면, 에우리피데스의 인물들은 일상적 현실을 반영하지만 자기는 마땅히 그래야 할 모습으로 그려낸다는 것이 에우리피데스의 주장이었다. 그런가 하면, 신들을 묘사할 때 일반 대중의 말이 윤리와 진리를 충족시키지 못하더라도 그대로 따라서 그려내는 시인들도 있다.

시인은 불가능하지는 않지만 개연성이 낮은 사건들에 관해서는 통념에 따랐다거나 또는 적어도 겉보기와는 달리 개연성이 없지는 않다는 것을 입증해야 한다.

시인의 언어 표현에서 나타날 수 있는 모순은 고대 그리스어를 모르면 이해하기 어렵다. 요컨대, 언뜻 언어의 모순처럼 보이는 것들은 은유적 용법이나 시적 장치에서 나올 수 있다.

많은 오류는 그냥 넘어갈 수 있지만, 그럴듯하지 않은 플롯이나 매력 없는 성격 묘사는 꼭 필요하거나 어떤 극적인 효과를 거두는 경우에 한해서만 용납된다. 그렇지 않은 경우라면 무슨 수를 써서라도 피해야 한다.

26장에서는 서사시와 비극 가운데 어느 쪽이 더 우수한지에 대해 논한다. 서사시가 대중성이 적고 좀더 세련된 사람들을 위한 것이니만큼 더 낫다고 주장하는 사람들이 있다. 비극은 많은 관객을 상대로 공연하다보니 호응을 얻기 위해 감상적으로 흐르거나 과장된 연기가 나오기 쉽지만, 서사시는 몸짓에 의존해서 내용을 전달하지 않기 때문에 더 고상하다는 것.

이런 논거에 대해 아리스토텔레스는 감상적인 통속극이나 과장된 연기는 시가 아니라 연기상의 문제라고 지적한다. 서사시를 낭송할 때도 과장된 감정 표현과 몸짓을 사용할 수 있으며, 모든 동작이 나쁜 것도 아니다. 그렇다면, 춤도 모두 없애야 하기 때문에 단지 어색한 동작만 제외해야 한다. 또한 비극 역시 반드시 연기하지 않더라도 목적을 달성할 수 있고, 서사시처럼 읽기만 하더라도 그 모든 장점은 사라지지 않는다.

아리스토텔레스는 비극이 더 우수한 이유를 제시한다. 첫째, 비극에는 서사시의 모든 속성 이외에 시각적 장치와 음악도 포함된다. 둘째, 비극은 공연하지 않고 읽기만 해도 생생한 효과를 낼 수 있다. 셋째, 비극은 서사시에 비해 더 짧은 시간 안에 그 모방의 목적을 달성한다. 넷째, 한 편의 서사시로부터 많은 비극이 나올 수 있다는 사실에서 입증되듯 비극은 서사시에 비해 플롯의 통일성이 더 크다.

불가능하거나 개연성이 낮은 사건에 대한 아리스토텔레스의 견해는 어딘지 앞뒤가 맞지 않는 면이 있는 듯하다. 한편으로는 그런 사건들도 잘만 삽입하면 훨씬 놀라운 이야기가 되게 만들면서 질을 높인다고 주장한다. 그런 사건들을 잘못 삽입하면 이야기의 신빙성을 떨어뜨린다고 경고하면서도 신중하게 적용하면 좋다고 칭찬하는 것 같다. 그런데 다른 한편으로는 사건들이 인과관계의 필연성이나 개연성으로 계속 연결되어야 한다고 요구하는 플롯의 통일성을 줄기차게 주장하는 것. 그렇다면, 불가능하거나 개연성이 낮은 사건은 도대체 어떻게 인과관계의 틀 속에 삽입될 수 있다는 것인가? 24장에서는 이야기에는 개연성이 없는 사건이 들어가면 안 된다고 단언한다. 개연성이 없는 사건을 삭제할 때 플롯이 손상을 입는다면 플롯 자체에 문제가 있다는 말이 된다. 반면, 개연성이 없는 사건을 없애도 아무 문제가 없다면 애초부터 플롯에 포함시킨 것이 잘못이다.

어딘지 모순되는 듯한 이 같은 주장의 진의를 이해할 수 있는 실마리는 24장의 개연성 없는 사건에 대한 언급 바로 앞부분과 25장 끝부분에 있다. 즉 불가능하고 개연성이 없지만 그럴듯한 사건이 개연성이 있고 가능하지만 그럴듯하지 않은 사건보다는 낫다는 것. 아리스토텔레스는 플롯의 인과관계가 지닌 현실성보다는 그럴듯한 외관을 더 중시하는 것 같은데, 개연성이 없는 사건들에 대해 비난할 때는 주로 플롯과 동떨어진 경우에 관해서다. 플롯이 자체의 논리를 유지할 수만 있다면 개연성 없는 사건도 삽입될 수 있다는 것이 그의 생각이다.

플롯에 관한 논의는 행동의 통일성에 대한 견해와 같은 맥락에서 볼 수 있다. 어떤 인물이 일관성 있게 일관성 없는 행동을 한다면 그는 일관성 없이 행동해도 된다. 즉 그 인물이 불합리하게 행동하도록 몰고 가는 내적인 논리를 관객이 인지할 수 있어야 한다는 것이다. 마찬가지로 개연성 없는 플롯도 설득력이 있다면 개연성이 없어도 된다. 유능한 공상과학 작가라면, 있을 수 없을 것 같은 일들도 일관되고 설득력 있게 묘사할 수만 있다면 얼마든지 이야기할 수 있다는 사실을 잘 안다.

26장에서는 3단계의 과정을 밟아 비극이 서사시보다 우수하다는 견해를 밝히고 있다. 1) 서사시를 더 우수하게 평가하는 주장들을 소개하고, 2) 그 주장들 대부분이 비극 자체보다는 공연에 관한 비판이란 점을 보여주면서 그 주장들을 일축한 다음, 3) 비극이 서사시에 비해 우수한 점을 나열한다. a) 서사시의 모든 요소 이외에 다른 요소도 가지고 있다. b) 서사시에 비해 훨씬 압축된 형식이며, 따라서 더 집중된 효과를 낸다.

　　이들 두 가지 장점은 비극과 서사시가 모두 연민과 두려움을 일으키는 것이 목적이라는 점을 염두에 둔다면 충분히 공감할 수 있는 내용이다. 서사시에는 없는 음악이나 시각적 장치는 확실히 정서적인 효과에 보탬이 될 수 있다. 또한 내용이 압축되면, 훨씬 박진감 넘치는 자극을 줄 수 있다. 〈시학〉 자체의 간결성에 대해서도 같은 말을 할 수 있다. 문학 이론을 장황하게 늘어놓은 이론서들에 비해 훨씬 읽기 좋다는 것.

　　한편, 서사시를 옹호하는 논거들을 깎아내리는 듯한 아리스토텔레스의 견해에 대해서는 의문을 제기할 수 있다. 그 논거들은 비극의 공연을 겨냥한 것이고 아리스토텔레스는 시 자체에 더 관심을 가지고 있다는 점은 인정하지만, 그 공연이 시와 어느 정도까지 구분될 수 있는지는 의문스럽다. 즉 비극보다 나은 서사시가 있다면, 비극이 본질적으로 서사시보다 우수한 예술 양식이란 주장은 무슨 의미가 있는가? 예를 들어, 우리는 만화도 하나의 장르로서 얼마든지 그 장점을 주장할 수 있다. 비극은 서사시의 모든 속성 이외에 서사시에는 없는 요소도 갖추고 있듯이, 만화도 소설의 모든 요소 이외에 그림까지 갖추고 있지 않은가. 게다가 만화는 대개 소설보다 짧기 때문에 집약적이란 느낌을 줄 수도 있다. 이처럼 여러 가지 논리를 내세워 만화도 훌륭한 장르라고 주장할 수 있겠으나 완성도나 세련미에서

훌륭한 소설에 버금가는 작품은 그리 많지 않은 것도 사실
이다. 그렇다고 해서 하나의 장르인 만화를 형편없이 깎아
내려서는 안 되지만, 특정 장르의 작품들을 검토하지도 않
고 무조건 찬사를 보내는 일이 얼마나 가치가 있는지 의문
을 갖게 된다.

　물론, 그리스 비극은 수많은 걸작을 낳았고, 호머 이후
에는 그에게 필적할 만한 비극시인이 나오지 않았다는 점
은 분명하다. 그러나 이런 사실은 추상적인 그 장르에 호의
를 나타내는 것이라기보다는 좀더 비극을 좋아하는 논거처
럼 보인다.

Study Questions

다음 질문에 대해 간단히 서술하시오.(-부분은 참고만 할 것)

1. '시'에 대한 아리스토텔레스의 정의는 오늘날과 어떻게 다른가? 아리스토텔레스의 정의에 의해 규정되는 한계에서 인식할 수 있는 문제점들은?

   — 일반적으로 우리는 운문으로 쓰인 것을 시라고 생각한다. 시는 말, 리듬, 선율이란 수단을 채택한 일종의 모방이란 아리스토텔레스의 정의는 좀더 제한적이다. 분명히 대부분의 시에는 이 요소들이 들어 있지만, 뚜렷한 차이점이 존재한다. 첫째, 아리스토텔레스는 시가 꼭 운문으로 쓰여야 한다고 말하지 않는다. 리듬과 선율이 있다면 산문도 시로 간주될 수 있다는 것. 둘째, 아리스토텔레스는 시가 모방이라고 주장하면서 이야기체에 한정시킨다. 세상 속의 어떤 것을 묘사해야 한다는 것. 이렇게 되면, 대부분의 추상적이거나 실험적인 현대시는 시로 인정받지 못하고, 일반적으로 사건이나 행위보다 정서나 관념을 더 많이 노래한 서정시의 전통에 대해서도 심각한 의문을 불러일으킬 것이다.

2. 아리스토텔레스가 제시한 미메시스의 개념에 대해 설명하라. 시는 어떤 면에서 모방인가? 아리스토텔레스에 따르면, 인간은 왜 자연스레 모방 성향을 갖는가? 그의 주장에 동의하는가?

— 미메시스는 대충 '모방' 정도로 번역할 수 있다. 어떤 것이 '실제 사물'이 아니고 '실제 사물'인 체하지도 않는다면 모방적이라고 표현할 수 있다. 의자 그림은 의자가 아니다. 시는 실제 세상의 사건인 체하지 않으면서 그것을 묘사한다는 점에서 모방적이다. 〈오이디푸스 왕〉을 관람하면서 눈앞에서 벌어지는 현실이라고 생각하는 사람은 없겠지만, 그 공연은 실제로 일어날 수 있는 일을 그럴듯하게 펼쳐 보이고 있다. 그렇다면, 미메시스의 뜻에 다소 문제가 생긴다. 그 사건들은 실제로 일어난 일이 아니기 때문이다. 중요한 것은 어떤 의미에서는 그 사건들이 일어날 수도 있었다는 점이다. 아리스토텔레스는 인간은 모방 본능을 타고났으며 모방을 통해 배우기 때문에 자연스럽게 비극과 여타 모방 예술에 끌리는 것이라고 주장한다.

3. **카타르시스란 무엇인가? 카타르시스는 비극에서 어떤 작용을 하는 가? 카타르시스는 어떤 목적에 기여하기 위한 것인가?**

— 카타르시스는 비극을 보면서 느낀 연민이나 두려움이 정화되는 것을 뜻한다. 비록 아리스토텔레스에 따르면, 카타르시스가 모든 비극시인들이 추구해야 하는 목표인지는 명확하지 않지만 어쨌든 비극의 효과이기는 하다. 그는 연민과 두려움의 중요성에 대해서는 자주 논했지만 카타르시스라는 말 자체는 6장에서 딱 한 차례 언급한다. 비극의 심리적 목적은 깊숙이 자리한 감정을 자극한 다음 해소시키는 것인 듯하다. 그런 식으로 관객은 비극에서 연민이나 두려움을 경험하고도 그 정신적 상처로 인해 건전한 사회생활을 방해받지 않고 삶의 활력을 느낄 수 있다.

4. **플롯에는 처음, 중간, 끝이 있어야 한다는 말의 뜻은? 좋은 플롯은**

세 가지가 언제나 확실히 맞물려 있어야 하는가?

5. 작품성 높은 비극에서는 페리페테이아와 아나그노리시스가 어떻게 기여하는가? 성공적인 비극이 되려면 두 요소가 얼마나 필요한가?

6. 하마르티아의 개념을 오늘날의 죄와 도덕적 결함의 개념과 비교하라. 우리는 고대 그리스와 다른 도덕적 세계관을 지니고도 그리스 비극을 제대로 이해할 수 있는가?

7. 성격에 대한 아리스토텔레스의 견해는 어느 정도의 보편성을 갖고 있으며, 당시의 성향과 사회 구조를 어느 정도나 반영하고 있는가?

8. 아리스토텔레스의 주장에 따르면, 비극의 주된 목적은 무엇인가? 이 견해에는 어떤 문제가 생길 수 있는가?

9. 서사시와 비극을 비교하라. 둘의 공통점과 차이점은? 두 양식을 똑같은 기준으로 비교하는 것은 어느 정도까지 정당성을 인정받을 수 있는가?

10. 비극이 서사시에 비해 우수한 양식이라는 주장은 설득력이 있는가? 그 이유, 또는 그렇지 않은 이유는?

다음 질문에 알맞은 답을 고르시오.

1. 시의 두드러진 특징이 아닌 것은?
   A. 언어를 사용한다.
   B. 리듬을 사용한다.
   C. 운문으로 쓴다.
   D. 선율을 사용한다.

2. 직접 이야기 방식과 간접 이야기 방식을 모두 사용하는 것은?
   A. 비극
   B. 희극
   C. 호머의 서사시
   D. 디튀람보스

3. 그리스어의 의미로 따질 때 '예술'이 아닌 것은?
   A. 비극
   B. 창(槍)
   C. 테이블
   D. 공작의 깃털

4. 인간이 모방을 좋아하는 이유가 아닌 것은?
   A. 우리는 모방을 통해 배운다.
   B. 모방은 인간의 이성을 단련시킨다.
   C. 실제로는 역겨워도 모방해 놓은 것을 보면 역겹지 않다.
   D. 현실과 접하지 않게 되면 안도감을 느낀다.

5.   가장 나중에 발달한 것은?

   A. 비극

   B. 디튀람보스

   C. 서사시

   D. 욕설

6.   '세 가지 통일성'이 아닌 것은?

   A. 플롯의 통일성

   B. 성격의 통일성

   C. 장소의 통일성

   D. 시간의 통일성

7.   아리스토텔레스가 유일하게 주장했던 통일성은?

   A. 플롯의 통일성

   B. 성격의 통일성

   C. 장소의 통일성

   D. 시간의 통일성

8.   비극에서 가장 중요한 것은?

   A. 성격

   B. 언어적 표현

   C. 플롯

   D. 선율

9.   비극에서 가장 중요하지 않은 것은?

   A. 성격

   B. 플롯

   C. 사고력

   D. 시각적 장치

10. 비극에 대한 아리스토텔레스의 정의의 일부가 아닌 것은?

A. 비극은 연민과 두려움을 자아낸다.

B. 비극은 불행한 결말을 갖는다.

C. 비극에는 미메시스가 있다.

D. 비극은 이야기보다는 연기의 방식을 취한다.

11. 비극과 똑같은 플롯 구조를 갖는 장르는?

A. 서사시

B. 역사

C. 전기(傳記)

D. 동화 구연

12. 에피소드 식 구조를 갖는 것은?

A. 전기

B. 역사

C. 둘 모두

D. 답 없음

13. 복합적 플롯에 포함되어야 하는 것은?

A. 페리페테이아

B. 아나그노리시스

C. 둘 모두

D. 둘 중의 하나

14. 모든 비극에 반드시 필요하지 않은 것은?

A. 엑소드

B. 콤모스

C. 패로드

D. 에피소드

15. **가장 좋은 비극의 플롯은?**

  A. 위해한 행위가 알고서 저질러지는 플롯

  B. 위해한 행위가 모르는 상태에서 저질러지는 플롯

  C. 위해한 행위가 알고서 피해지는 것

  D. 모르는 상태에서 위해한 행위를 계획했다가 어떤 발견으로 인
     해 그만두는 플롯

16. **가장 나쁜 비극의 플롯은?**

  A. 위해한 행위가 알고서 저질러지는 플롯

  B. 위해한 행위가 모르는 상태에서 저질러지는 플롯

  C. 위해한 행위가 알고서 피해지는 것

  D. 모르는 상태에서 위해한 행위를 계획했다가 어떤 발견으로 인
     해 그만두는 플롯

17. **비극의 주인공에게 필요하지 않은 것은?**

  A. 선해야 한다.

  B. 남성이어야 한다.

  C. 성격은 일관성이 있어야 한다.

  D. 사회적 지위가 높은 인물이어야 한다.

18. **가장 나쁜 아나그노리시스는?**

  A. 표식이나 징표에 의한 깨달음

  B. 기억에 의해 촉발되는 깨달음

  C. 연역적 추론에 의한 깨달음

  D. 플롯의 구조를 통해 일어나는 깨달음

19. **가장 좋은 아나그노리시스는?**

  A. 표식이나 징표에 의한 깨달음

  B. 기억에 의해 촉발되는 깨달음

C. 연역적 추론에 의한 깨달음

D. 플롯의 구조를 통해 일어나는 깨달음

20. **사고력의 영역에 포함되지 않는 내용은?**

A. 강력한 말 속에 담긴 흥분

B. 웅크린 자세에서 드러나는 수줍음

C. 논리로 다른 사람을 설득하는 것

D. 과장으로 문제를 부풀리는 모습

21. **은유가 아닌 것은?**

A. "그것은 7월의 추운 날 같다."

B. "줄리엣은 태양이에요."

C. "나는 빚에 시달리는 경주용 자동차다."

D. "나의 사랑은 빨갛고, 빨간 장미라오."

22. **서사시의 특징이 아닌 것은?**

A. 플롯의 통일성

B. 고매한 주인공

C. 단장격 운율

D. 이야기로 낭송된다.

23. **서사시에 대한 설명으로 맞지 않는 것은?**

A. 비극보다 길다.

B. 비극보다 개별적 사건들을 더 많이 묘사할 수 있다.

C. 비극에 비해 개연성이 낮은 사건들을 무리 없이 전달할 수 있다.

D. 비극을 관람하는 것보다 더 인상적인 광경이다.

24. **시에 불가능하거나 개연성이 없는 사건을 포함시켜도 괜찮은 이유**

가 아닌 것은?

A. 시인은 사물들을 있는 그대로가 아니라 응당 그래야 하는 모습으로 그린다.

B. 시인은 사물들을 일반 대중의 의견에 따라 그린다.

C. 불가능하거나 개연성이 없는 사건들은 플롯 전개에 필요하다.

D. 불가능하거나 개연성이 없는 사건들은 이야기에 놀라움과 흥분을 보탠다.

25. 아리스토텔레스가 비극을 서사시보다 선호한다면서 제시한 이유가 아닌 것은?

A. 과장된 몸짓은 공연에서 어떤 특수한 효과를 낼 수 있다.

B. 비극에는 음악과 시각적 장치가 들어 있다.

C. 비극의 통일성이 더 크다.

D. 비극은 더 짧고 집약적이다.

정답

1. C 2. C 3. D 4. D 5. A 6. B 7. A 8. C 9. D 10. B

11. A 12. C 13. D 14. B 15. D 16. C 17. B 18. A 19. D 20. B

21. A 22. C 23. D 24. C 25. A

一以貫之 논술노트

그리스 비극의 본질 ○

실전 연습문제 ○

一以貫之는 '논어'에 나오는 말로 '모든 것을 하나의 이치로 꿴다'는 뜻입니다.

논술의 주제와 문제 유형, 제시문들은 참으로 다양하고 가지각색입니다. 그러나 그 모든 것을 하나로 꿸 수 있습니다. '인간사회의 보편적 문제들에 대한 근원적인 물음에 답하는 자기 나름의 견해'라는 것이지요. 논술은 인간이면 누구나 부닥치는 개인적 또는 사회적 문제들에 대한 자기 나름의 고민이자 성찰입니다. 논술은 자기견해, 자기 가치관, 자기 삶에 대한 솔직한 고백입니다.

一以貫之 논술연구모임은 '자신의 물음'과 '자신의 생각'을 갖고 '자신의 글'을 쓸 수 있도록 도와줍니다.

〈집필진〉
우효기, 김재년, 이호곤, 우한기, 박규현, 김법성, 김병학, 도승활, 백일, 조형진

그리스 비극의 본질

요즘 TV 드라마를 보면 대개 천편일률적인 소재에다 사건을 다루는 방식의 진부함까지 더해져 아주 식상하고, 수긍할 수 없는 스토리 구조에 화만 치밀어 오르기 일쑤다. 그런데 그렇게 욕하면서도 계속 시청해 주니 시청률 제일주의에 빠진 방송사로선 이미 소기의 목적을 달성한 셈이라고나 할까. 이렇듯 상업성 위주로 돌아가는 드라마 운영의 악순환은 우리가 지닌 예술적 수준의 현주소와 궤를 같이하는 듯하다.

지금으로부터 수천 년을 거슬러 올라 기원전 3세기 무렵 고대 그리스 시대의 예술관을 담고 있는 아리스토텔레스의 〈시학〉에서 우리는 그리스 비극을 중심으로 하는 예술의 본질에 관해 중요한 내용을 발견하게 된다. 따라서 〈시학〉을 통해 그리스 비극의 본질과 구조를 살피는 작업은 오늘날 우리 예술의 현주소를 고민하고 그 대안을 찾기 위한 노력의 일환이 될 것이다.

시(비극)를 바라보는 서로 다른 눈: 플라톤 vs. 아리스토텔레스

　우리는 아리스토텔레스를 말할 때 흔히 그의 스승 플라톤과의 차이점에 주목해서 바라본다. 플라톤이 예술에 대해 가했던 주된 비판, 즉 예술은 가상의 모방이고 경험 세계보다 낮은 영역에 속한다는 비난은 '시인추방론'으로 널리 알려져 있다. 초월적 이데아(idea)의 철학자 플라톤이 지상의 창조활동에 던졌던 이 같은 비난과는 달리 아리스토텔레스는 〈시학〉 첫머리에서 모방 행위를 시와 예술의 본질로서 인간의 극히 자연스런 본능으로 간주하고 있다.

　일반적으로 시는 사람의 본성에 뿌리박은 두 가지 원인에서 발생한다고 할 수 있다. 첫째, 사람은 어릴 적부터 모방적 행동 성향을 타고난다. 사람은 극히 모방적이며 모방을 통하여 그의 지식의 첫걸음을 내딛는다는 점에서 다른 동물들과 다르다. 둘째, 모든 사람이 모방적 사물에서 즐거움을 얻는다는 것이다.(4장)

　모방에 대한 이러한 평가는 모방을 통해 이루어지는 모든 인간 활동에 대한 긍정으로 볼 수 있다. 그의 말이 아니더라도 모방을 통한 학습과 그 과정에서 얻어지는 즐거움은 인간의 가장 기본적인 본성이다. 잠깐만 생각해 보더라도 어린아이가 말을 배우는 행위, 학생이 일정한 과목을 익히는 행위, 가정·학교·직장에서 사회화가 이루어지는 행위 등, 모든 행위의 근저엔 모방의 행위가 놓여 있음을 알게 된다. 더욱이 예술 활동은 인간과 세계에 대한 모방을 담아낸 가장 고차원적인 활동이라고 할 수 있다.

라파엘로가 그린 "아테네 학당"에서 플라톤이 하늘을 향해, 아리스토텔레스가 땅을 향해 손을 뻗고 있는 대목은 두 철학자가 세상을 바라보는 서로 다른 관점을 상징적으로 보여주는 듯하다. 세상의 개별성 너머에 있는 참된 존재를 가리키는 스승과 세상의 개별성 속에서 참된 존재의 뿌리를 발견하는 제자의 관계는 서양 철학사 내내 계속해서 변주되어 내려온다.

호메로스를 비롯한 모든 시인들은 덕에서든 그 밖에 그들이 작시하고 있는 일에서든 그 영상의 모방자에 불과할 뿐 진리와는 아무런 접촉도 가지지 못한다고 규정해도 좋지 않을까? … 영상의 제작자인 모방자는 존재자에 대해선 아무것도 알지 못하고 가상에 관해서만 알고 있네. 그렇지 않은가?

—플라톤 〈국가〉

호메로스는 엄숙한 주제를 다룬 최고의 시인인 동시에(그는 그의 시의 높은 품격과 극적 성격에서 독보적이었다) 욕설이 아니라 우스꽝스러운 사실을 다룬 극적인 시를 창작함으로써 희극의 형식을 처음으로 보여준 시인이기도 하다.

—아리스토텔레스 〈시학〉

그리스의 서사시를 대표하는 시인 호머에 대한 두 사람의 엇갈린 평가는 모방에 대한 앞의 논의의 연장선 위에서 당연히 뒤따라올 내용이다. 플라톤이 가장 관심 있게 보는 것은 '진리' 그 자체에 대한 관심이다. 전쟁을 아무리 그럴듯하게 묘사했더라도 실제로 전쟁에 참여해 본 적이 있는지 여부에 먼저 주목하고, 인생사 온갖 감정을 실감나게 그리고 있다 해도 그것이 도리어 사람들의 국가에 대한 건전한 충성심을 해치지는 않을까 먼저 걱정하는 것. 반면, 아리스토텔레스는 호머 작품의 주제가 지닌 엄숙성과 품격, 극적 성격 등을 고루 평가하며, 그를 비극과 희극을 두루 섭렵한 최고의 시인으로 인정한다. 물론, 플라톤도 호머를 '가장 시인다운 시인이며 비극작가의 제1인자'라고 인정하지만, 국가가 수용할 수 있는 것은 '신에 대한 찬가와 훌륭한 사람들에 대한 찬사'의 내용이어야 한다는 전제를 단다.

비극의 정의와 구조

아리스토텔레스가 〈시학〉 6장에서 내리는 비극의 정의

는 다음과 같다.

비극은 심각하고 완전하며 일정한 크기가 있는 하나의 행동
의 모방으로서 그 여러 부분에 따라 여러 형식으로 아름답게 꾸
민 언어로 되어 있고 이야기가 아닌 극적 연기의 방식을 취하며
연민과 두려움을 일으켜서 그런 감정들의 '카타르시스'를 행하는
것이다.

이 짤막한 비극의 정의로부터 비극이 갖춰야 할 주요
요소들이 모두 도출된다. 우선 '심각하고 완전하며 일정한
크기가 있는 하나의 행동의 모방'은 곧 '플롯'을 말한다. 그
리고 극중 행동의 질은 극중 인물들의 '성격'과 '사고력'을
통해 판단된다. '여러 부분에 따라 여러 형식으로 아름답게
꾸민 언어'는 곧 '언어 표현'과 '노래'가 뒤섞여 있음을 의
미하고, '극적 연기의 방식'이 제시될 공간은 곧 '시각적 장
면'임을 알 수 있다. 이렇게 비극의 정의에서 도출되는 비
극의 주요 요소는 플롯, 성격, 문체(언어 표현), 사고력, 시
각적 장치, 노래 등, 여섯 가지다.

비극의 정의에서 플롯에 해당하는 내용이 맨 앞에 주
어지는 데서 짐작할 수 있겠지만, 아리스토텔레스가 생각하
는 비극의 가장 중요한 요소는 플롯, 즉 사건들의 조직, 구
성이다. 그렇다면, '심각하고 완전하며 일정한 크기가 있는'

플롯의 요건은 무엇일까?

전체라 함은 처음 중간 끝이 있음을 뜻한다.(7장)

아름다운 사물은 그것이 하나의 생물이든 또는 여러 부분으로 구성된 물건이든 간에 반드시 질서 있는 조직뿐 아니라 적당한 크기여야 한다. 아름다움이란 크기와 질서에 기초하고 있기 때문이다. 하나의 생물은 너무 작든가 너무 커서는 아름답지 못하다. 너무 작으면 그것에 대한 우리의 지각이 순간적이므로 경험이 되지 못하며 너무 크면 그것에 대한 관찰이 단일한 경험이 되지 못하여 통일성과 전체성의 느낌을 줄 수가 없다. 그러므로 아름다운 몸이나 동물이 어떤 크기가 있으나 한꺼번에 지각될 수 있는 것이라야 하듯, 플롯도 기억 속에 쉽게 담을 수 있는 길이여야 한다.(7장)

6장의 비극의 정의에 이어 7, 8장 이후로 그 주요 요소, 특히 플롯에 대한 언급이 이어진다. 위의 인용 부분은 별 내용이 없는 극히 당연한 말처럼 보인다. 그런데 여기서 공통적으로 알 수 있는 것은 그가 형식논리학의 주창자답게 비극을 바라보는 시각도 극히 형식적 조건을 중시하고 있다는 점이다. 전체의 구성, 플롯 구성의 적절한 길이, 하나의 전체를 이루는 단일한 행동 표현 등과 같이 비극의 전체적 균형과 조화를 통해 미적 완성도를 꾀하고 있는 것이다.

이러한 그리스 예술의 미학적 특징과 관련해서 예술사가인 아르놀트 하우저(Arnold Hauser. 1892-1978)는 '예술사에서 가장 심각하고 중대한 예술관의 변화'라고 말한다. 그에 따르면, 그리스 이전에는 순수인식, 이론적 탐구, 합리주의적 학문 등이 없었듯이 우리가 오늘날 말하는 의미로서의 예술, 즉 항상 순수형식으로서 받아들여지고 즐길 수도 있는 예술 역시 존재하지 않았다. 이처럼 예술을 생존투쟁의 무기로만 보고 그러한 예술에만 의미와 가치를 인정할 수 있다는 사고방식으로부터 이제 예술은 모든 실용적 목적과 효용, 모든 미학 외적 이해관계에서 독립된 단순한 선과 색의 유희, 리듬과 조화, 현실의 단순한 모방과 변형에 지나지 않는다는 입장으로 완전히 전환된 것이다.

아리스토텔레스는 비극에서 플롯 다음으로 성격, 사고력, 문체(언어 표현), 노래, 시각적 장치 순으로 중요도를 매긴다. 그런데 '성격'은 두 번째 중요한 요소로 꼽으면서도 거의 플롯의 들러리 정도로 깎아내린다.

그러므로 플롯이 제일의 원칙이며 비극의 영혼이라고 할 수 있다. 반면, 성격은 두 번째로 중요한 요소다. 이는 그림의 경우와도 같다. 가장 아름다운 색깔들을 함부로 칠해 놓은 것은 색채 없이 선만으로 그린 명확한 형상만큼 즐거움을 줄 수 없다.(6장)

　　플롯과 성격을 선과 색채로 비유하여 설명하고 있는 것은 회화의 역사에서 고전주의와 낭만주의의 차이를 떠올리게 한다. 고전주의가 선, 규격, 제한, 구성, 조직을 강조했다면, 낭만주의 혹은 인상주의는 색채의 강조에 중점을 두었다. 아리스토텔레스의 선과 색채의 비유는 마치 회화의 기초를 다질 때 우선 데생부터 정확히 배우는 데서 시작하는 모습을 연상케 한다. 그만큼 작품의 가장 기본적인 토대의 중요성을 강조한 대목이라고 볼 수 있는 것.

　　이렇게 아리스토텔레스가 인물의 성격을 플롯에 비해 부차적인 것으로 다루는 이유는 무엇일까? 우선, 그가 비극에서 가장 강조하는 요소가 '보편성'이란 점에서 근거를 찾을 수 있다. 그는 "'보편'이라 함은 개연성이나 필연성에 의하여 어떤 종류의 인물이 어떤 종류의 말이나 행동을 함직함을 말한다"(9장)고 친절하게 보편의 정의를 내려주는 대목에서 명확히 드러난다. 그는 보편적인 인간의 운명을 통해 모든 사람이 공감할 수 있는 예술작품이 곧 그리스 비극이라고 보았기 때문이다. 이러한 보편성의 기준 하에서는 특수하거나 유별난 인물들의 다채로운 개성은 극의 보편성을 확보하는 데 오히려 방해가 될 수 있는 것이다.

　　아리스토텔레스가 비극에서 플롯과 같은 희곡의 줄거리를 다른 다섯 가지 요소보다 훨씬 중시한 또 다른 이유는 하우저의 〈문학과 예술의 사회사〉에서 그 실마리를 찾을 수 있다. 그에 따르면, 원래 비극에는 합리적 요소, 즉 희곡의 줄거리를 일관하는 인과관계의 그물이 비극적·종교적인 충격효과를 노리는 비합리적 요소와 거의 같은 비중을 차지하고 있었다. 그런데 고전주의가 성숙되어감에 따라 합리적 원리가 더욱더 비중이 커지면서 비합리적 요소는 점차 그 중요성이 줄어들다가 마침내 모든 어두운 것과 혼돈스러운 것, 신비적인 것과 열광적인 것, 충동과 무의식은 만인의 경험에 합치할 수 있는 형식 속에 정착되고 어떤 작품에서나 합리적인 검토가 가능한 인물, 인과적인 관련, 논리적 근거 등이 요구되면서, 사건 진행과 동기 설정에 조그마한 빈틈도 없는 것을 가장 중시하는 희곡이 가장 합리주의적 문학 장르인 동시에 가장 고전주의적 예술 형식이 된 것이다.

이러한 하우저의 역사적 평가는 〈비극의 탄생〉에 나오는 그리스 비극에 관한 니체의 평가와 궤를 같이 한다. 니체는 시종일관 그리스 비극의 정수를 '디오니소스적'인 것과 '아폴론적'인 것, 즉 종교와 예술, 비합리적인 것과 합리적인 것의 중간에서 규정짓고 있다.

비극적 신화는 오로지 디오니소스적 지혜가 아폴론적 예술수단을 통해 형상화된 것으로 이해될 수 있다.

　　이처럼 그리스 비극의 본질을 그것의 원래 출발점인 황홀한 디오니소스적 신화로 바라보는 순간, 그리스 비극의 가장 중요한 요소는 논리정연한 플롯이 아니라 심연을 울리는 음악으로 변하게 된다. 이제 아리스토텔레스에게는 별 중요성을 인정받지 못하던 음악적 요소가 니체에게 오면 가장 중요한 비극의 요소가 되는 것이다. 이러한 차이점은 그리스 비극을 보다 폭넓게 바라볼 수 있도록 도와준다.

시인과 역사가의 차이

　　시인의 일은 실제로 일어난 사건들을 이야기하는 것이 아니라 일어날 수 있는 일, 개연성이나 필연성의 법칙에 따라 일어나리라 기대할 수 있는 일을 이야기하는 것이다. 시인과 역사가를 구분 짓는 것은 운율의 사용 여부가 아니라 역사가는 실제로 일어난 사실들을 이야기하고 시인은 일어날 수 있는 일을 이야기한다는 사실에 차이가 있는 것이다. 바로 이 까닭에 시는 역사보다 더 철학적이며 더 심각하다. 시는 보편적인 것을 더 많이 이야기하는 데 반해 역사는 특수한 것을 이야기하기 때문이다.(9장)

　　앞에서 아리스토텔레스는 플롯이 비극에서 가장 중요

한 요소라고 말했다. 이러한 논의는 자연스럽게 시인과 역사가의 차이에 대한 논의로 이어진다. 역사가에 비해 시인이 우위에 있다는 그의 주장은 시인이 비극 작품을 통해 드러내는 플롯의 완성도가 역사가의 역사 서술보다 우위에 있다는 말과 다를 바 없다. 그는 시인과 역사가의 비교를 통해 비극 작품의 플롯이 얼마나 중요한지를 더욱더 강조한 셈이다. 위의 주장에서 '개연성이나 필연성의 법칙'은 그가 시인의 비극 작품이 역사가의 서술보다 중요한 이유를 주장하는 근거가 된다. '일어날 수 있는 일', 즉 개연성 있는 일을 이야기한다는 것은 곧 보편적인 성격을 띠고 있다는 의미이며, 이는 단순히 개별적이고 특수한 사실의 나열에 불과한 역사보다 훨씬 우위에 있다는 뜻이 된다. 그는 이러한 우위성을 '철학적'이란 표현으로 드러낸다. 여기서 우리는 철학자 플라톤이 깎아내린 문학과 예술의 지위가 완전히 뒤집히고 있음을 알 수 있다. 플라톤의 입장에선 시, 즉 문학과 예술은 역사적 현실을 모방하는 데 불과하므로 역사보다 못하다. 그가 호머의 시를 비판하는 맥락도 이러한 역사적 현실과 거리가 있다는 데서 찾는다. 그러나 아리스토텔레스의 눈에는 단순한 사실의 나열인 역사는 일회적 사건일 뿐 보편적 속성과는 거리가 멀기 때문에 열등한 것이다. 양자가 생각하는 보편성의 지위는 이렇게 서로 다른 지점에서 확보되고 있다.

　　물론, ‘철학적’이란 수식어는 곧 철학의 우수함을 전제로 하는 접근법이다. 철학자 아리스토텔레스의 ‘그리스 비극’에 대한 접근법은 이처럼 철학적 차원에서 이루어지고, 또한 논리학자이자 과학자답게 시와 역사에 대한 평가는 그가 발견한 구체적인 역사적 사료를 중심으로 이루어진다.

　　운문으로 된 이야기 형식의 시적 모방, 즉 서사시는 비극과 마찬가지로 그 플롯이 극적 일관성을 가져야 하며 또한 처음 중간 끝이 있어 통일되고 완전한 행동에 관한 것이어서 살아 있는 생물체처럼 단일하고 온전한 구조 자체로써 그 특유의 즐거움을 줄 수 있어야 함은 자명한 사실이다. 따라서 플롯은 역사를 닮아서는 안 된다. 역사에서는 단일한 행동에 대한 설명이 있을 필요가 없고 어떤 특정한 시대에 한 사람 또는 여러 사람에게 발생한 모든 우연한 사건들의 연속에 대한 서술이 있을 뿐이다. 살라미스의 해전과 시켈리아에서 카르타고 사람들과 벌인 전쟁이 동시에 일어났지만 서로 공통적인 목적에 기여하는 필수 요소들이 아니었던 것처럼, 여러 사건이 서로를 관련시키는 어떤 공통의 목적이 없이 시간상 연이어 일어날 수도 있는 것이다.(23장)

　　여기서도 플롯의 중요한 성격, ‘극적 일관성’을 설명하는 가운데 역사와의 차이를 부각시키는 방식을 보여준다. 이처럼 그가 역사를 부정적인 맥락에서 언급하는 경우는 그리스 비극과 서사시의 플롯이 갖춰야 할 중요한 요건들을 설명할 때다. 그가 바라보는 역사는 인과관계가 긴밀하지 않고 연속해서 벌어지는 우연한 사건들의 객관적 서술일 뿐이다. 물론, 역사적 인과관계를 따지고 법칙을 발견하는 것은 중요한 일일 수 있다. 영국 역사학자 E. H. 카(Edward. H. Carr. 1892-1982)는 〈역사란 무엇인가〉에서 '역사에서의 인과관계'란 장을 따로 설정할 만큼 역사에서 원인 연구의 중요성을 강조하고 있다. 그의 관점에서 보면 오히려 아리스토텔레스가 꼽고 있는 사례는 역사가가 아닌 사람이 단순한 사건을 나열한 것에 불과할 수 있다. 제대로 된 역사가라면 두 전쟁 각각의 원인을 별개로 분석하고 찾으려 했을 것이라고 주장할 수 있는 것이다.

그러나 기술한 바와 같이 아리스토텔레스가 말하고자 한 것은 역사에 대한 의도된 폄하보다는 시(비극)의 보편성을 강조하기 위한 한 가지 수단의 성격으로 역사를 언급한 것이라고 읽어야 옳다. 따라서 그가 역사를 잘못 이해한 것은 별개로 다루어야 할 문제일 뿐, 그러한 오류가 그의 비극론의 큰 틀을 해치는 것은 아니라고 할 수 있다.

하마르티아

이처럼 아리스토텔레스가 바라보는 비극 작품은 철저하게 일관성과 인과관계를 생명으로 하고, 이러한 토대 위에 우연성이란 요소가 하나 더 추가된다. 얼핏 보면, 앞의 것과 서로 이질적인 듯 보이지만 비극의 효과를 극대화하기 위해 우연성의 요소는 필수적인 것이란 의미.

비극적 모방은 하나의 완전한 행동뿐 아니라 두려움과 연민을 일으키는 사건들을 보여주므로 사실들이 기대를 벗어나면서도 서로 필연적인 연관성을 가지고 일어날 때 가장 효과가 크다. 사건들이 그렇게 전개되면 저절로 또는 우연의 결과로 일어나는 것보다 경이감을 불러일으킬 가능성이 훨씬 커진다. 우연한 사건도 무슨 의도가 있는 것처럼 보일 때 매우 큰 경이감의 충격을 자아낸다.(9장)

여기서 '사실들이 기대를 벗어나면서도 서로 필연적인 연관성을 가지고 일어날 때'를 이해하려면 '하마르티아(hamartia)'의 의미를 이해해야 한다. 아리스토텔레스는 비극적 고통을 초래하는 과오를 하마르티아라고 불렀다. 비극의 주인공의 성격을 규정할 때, 가장 알맞은 모습은 아주 선하지도 아주 악하지도 않으면서 보통보다는 '잘난' 사람이어야 하는데, 비극의 소재가 주로 신화나 전설 혹은 옛 역사 이야기에 나오는 인물이란 점을 고려하면 충분히 알 수 있는 일이다. 현실적으로 대개 성공했고 지도력도 갖춘 이 인물들은 보통 이상의 재능과 함께 얼마간 독선과 야심을 갖고 있다. 그러나 비극의 주인공으로 등장한 이들이 관객들로부터 연민과 두려움, 고통을 불러일으키는 것은 바로 행복에서 불행으로 전락하기 때문이고, 이러한 운명의 뒤바뀜을 초래하는 중요한 계기가 하마르티아, 즉 '어떤 착오나 실수'라고 할 수 있다.(13장)

오이디푸스가 아버지를 살해하는 대목은 하마르티아를 설명하기에 가장 적절한 장면이다. 우리가 오이디푸스의 존속살해를 천인공노할 범죄행위로 여기지 않고, 도리어 연민을 느끼는 것은 아버지의 살해가 의도된 행위가 아닌 어쩔 수 없는 치명적 실수의 결과이기 때문이다. 부모에게 씻을 수 없는 죄를 저지르지 않기 위해 집을 떠났지만 순간적 판단 오류로 결국 부모에게 돌이킬 수 없는 죄를 범하게 되는 운명이 바로 오이디푸스의 비극인 셈이다. 우리가 이 비극을 보고 공감하는 이유는 우리 삶이 이처럼 의도와 결과의 어긋남과 같은 부조리로 이루어져 있다는 것을 잘 알기 때문일 것이다.

이러한 운명의 비극성이 우리 삶의 근원적 진리라면 거기에서 벗어나기 위해 무리수를 두는 것 자체가 비현실적이다. 아리스토텔레스가 플롯에 직접 관계가 없는 외부적 요소를 경계한 것은 이런 맥락에서 이해할 수 있다.

사건들의 연결도 마찬가지다. 얽힌 이야기 가닥들을 푸는 일도 플롯 자체에서 생겨나야지 〈메데이아〉나 〈일리아드〉의 출발 장면에서처럼 초자연적 능력의 개입으로 이루어져서는 안 된다.(15장)

〈메데이아〉의 끝 장면에서 메데이아가 마술을 부려 하늘마차를 타고 떠나는 초자연적인 묘기를 부린다든지, 〈일리아드〉 제2권에서 아테나 여신이 나타나 오디세우스에게 해결책을 일러주는 등, 신이 직접 개입해서 이야기를 이끌어나가는 방식은 개연성이 모자란다. 이렇게 신의 모습이나 음성이 불쑥 나타나게 만들어 모든 문제를 마무리 짓는 장치를 라틴어로 '무대장치에서 불쑥 나타난 신 *deus ex machina*'이라고 한다. 어떤 사건이 이러한 기계장치에 의해 단번에 해결되어버리면, 그 순간 인간의 근원적 한계와 고통을 통해 비극의 아픔을 공감하고자 했던 관객들은 맥이 풀릴 것이다.

이처럼 엉뚱한 해결사의 등장이 극의 완성도를 해치는 경우는 우리에게도 그리 낯선 장면이 아니다. TV 드라마에서 주인공의 갑작스런 사고로 모든 갈등이 한꺼번에 해소되던 장면을 수없이 보았고, 지금도 보고 있지 않은가. 영화의 경우에도 영화적 기법의 우수성과 플롯 완성도의 미흡함 사이에서 완전히 다른 평가를 접하게 되는데, 이때의 논의의 쟁점 역시 아리스토텔레스의 논의의 연장 위에 놓여 있는 것이다.

그러나 작품의 질을 높이기 위한 우선순위를 생각해 본다면, 아무래도 아리스토텔레스의 손을 들어줘야 할 것 같다. 외형적 기법과 무대장치의 화려함은 순간적인 재미와 볼거리를 더해 줄 순 있겠지만, 극의 본질적인 완성도를 이루는 핵심은 아닐 것이기 때문이다. 우리가 여전히 고전의 중요성을 강조하고 고급 예술의 가치를 존중하는 이유는 인간 삶의 보편성을 담는 동시에 완성도 높게 표현해냈기 때문일 것이다. 그리고 우리는 그것들을 통해 우리 삶에 대해 깊이 있게 성찰할 수 있는 힘을 얻게 된다. 따라서 아래 구절처럼 극의 완성도를 통한 깨달음의 요청은 오늘날 우리에게도 요구되는 것이라고 할 수 있다.

가장 잘된 깨달음은 사건들 자체에서 생기는 것이다. 이는 개연적으로 연속되는 여러 행동을 통해 놀라움이 증폭되면서 생기는 경우이다. 소포클레스의 〈오이디푸스〉와 〈이피게네이아〉가 그런 예이다. 이피게네이아가 편지를 남에게 맡겨 보내려는 것은 개연성이 넉넉하다. 이런 경우만이 억지로 꾸며낸 징표 따위를 피할 수 있다.(16장)

카타르시스

　비극은 결국 '연민과 두려움을 일으켜서 그런 감정들의 카타르시스(katharsis)를 행하는 것'(6장)이란 대목을 기억할 것이다. 그런데 아리스토텔레스가 '카타르시스'에 대해 너무도 간단히 언급하는 바람에 많은 논란이 있어 왔다. 우리는 흔히 '감정의 순화' 정도로 다소 모호하게 알고 있는 '카타르시스'는 비극 정의의 핵심이자 결론이다.

　우리는 '하마르티아', 즉 '어떤 과오나 실수'를 통해 비극의 주인공의 운명이 행복에서 불행으로 뒤바뀌면서 고통당하는 이야기를 인간 실존의 본질적 차원으로 규정했다. 그리고 이러한 운명의 부조리를 보며 관객들이 자기 일처럼 공감한다는 보편적 연대성을 지적했다. 이처럼 타인과 자신의 삶을 하나로 보면서 얻게 되는 비극적 효과를 '카타르시스'라고 할 수 있다. 즉 타인의 고통을 통해 자기연민에 빠지는 예술이 비극이라고 할 수 있는 것.

　원래 의학적 용어이자 종교적 용어로서 환부와 영혼을 깨끗이 하는 뜻을 갖는 카타르시스란 개념은 아리스토텔레스의 비극론에서는 관객의 심리적·정신적 차원의 정화를 말하기 위해 도입된 셈이지만, 단순히 주인공의 고통을 보고 함께 울면서 생기는 심리적 후련함 정도의 것은 아니다. 철학자 김상봉은 〈그리스 비극에 대한 편지〉에서 카타르시스에 대해 다음과 같이 정리한다.

비극이 우리에게 주는 카타르시스란 과연 무엇입니까? 그것은 내가 편협한 이기심과 고립된 개별성에서 벗어나 열린 광장에서 타인과 만나고 더 나아가 보편적인 주체성에 참여할 때 느끼는 기쁨입니다. 내가 타인의 고통으로 눈물 흘리고 우주적 비극성 앞에서 전율할 때, 나의 사사로운 고통과 번민은 가벼워지고 나의 정신은 무한히 넓어집니다. 카타르시스는 그렇게 내가 확대되고 고통은 가벼워질 때, 내가 느끼는 충만한 생명력의 기쁨인 것입니다.

여기서 '편협한 이기심과 고립된 개별성'에서 벗어난다는 구절은 니체의 디오니소스적 예술의 보편성을 떠올린다. 니체가 말하는 디오니소스적 예술은 보다 형이상학적인 차원에서 개체 원칙의 배후에 있는 전능한 의지, 모든 현상의 피안에서 모든 파멸에도 불구하고 존재하는 영원한 생명을 표현한다. 이런 맥락에서 그는 '개체의 사슬에서 벗어난 디오니소스적 해방', '개체의 파멸이라는 즐거움'을 찬양한다. 그러나 이러한 개별성과 개인의 해체는 단지 해체에서 머물지 않고 타인과의 진정한 만남과 소통을 위한 전제다.

물론, 이와 다르게 하우저처럼 그리스 비극의 성격을 정치적 차원에서 좁게 해석하는 입장에서는 위의 논의가 엉뚱하게 다가올 수 있다. 연극의 주목적이 민중계몽의 교육적 차원의 것으로 비칠 수 있고, 국가에 종속된 비극시인이란 지위를 고려한다면, 그의 평가대로 비극의 극장은 국가와 지배계급의 선전기관에 머무르게 되는 것. 그러나 하우저도 인정하듯 아무리 연극의 정치화란 입장에서 비극을 평가하더라도, 비극이 성공할 수 있었던 것은 민중의 감정을 배경으로 했기 때문이다. 민중 속에 감돌고 있던 정서적·심미적 측면을 제대로 읽을 수 있었기에 그리스 비극은 강한 공동체적 공감대를 형성하고 '카타르시스'와 같은 집단체험과 비극적 즐거움의 효과를 이룰 수 있었을 것이다.

아리스토텔레스의 카타르시스를 언급하는 가운데 니체는 괴테의 말을 인용한다. "가장 비장한 것 또한 고대인들에게는 단지 심미적 유희였다는 점이 그들의 장점 가운데 하나였는가? 우리의 경우 그런 작품을 생산하려면 자연의 진리가 협력해야 하기 때문이다." 괴테의 그리스 예찬은 오늘날 진정한 예술을 찾고자 하는 사람들의 심정을 대변하는 듯하다. 심미적 청중은 이론적 인간이나 교훈적 인간이 맛볼 수 없는 인간의 근원적 생명력과 즐거움을 누리고자 한다. 그래서 그러한 근원적 기쁨 속에서 진정한 만남과 소통의 장을 만들어나갈 수 있기를 바란다. 마치 〈그리스인 조르바〉에서 조르바와 두목이 춤을 추면서 하나가 되듯이.

〈1998 대입 서강대 논술 정시〉

[문제] 글 A는 시인과 역사가의 역할에 대한 견해를 밝힌 아리스토텔레스의 글이다. 이 글의 주장이 타당한지 그렇지 않은지에 대해 글 B와 C를 활용하여 논하라.(1,200자 안팎)

(A)

시인의 임무는 실제로 일어난 일을 이야기하는 것이 아니라, 일어날 수 있는 일, 즉 개연성이나 필연성에 따라 가능한 일을 이야기하는 데 있다. 역사가와 시인의 차이는 산문으로 이야기하느냐 운문으로 이야기하느냐에 있는 것이 아니라(왜냐하면, 헤로도투스의 작품은 운문으로 고쳐 쓸 수도 있겠으나 운율이 있든 없든 간에 역시 일종의 역사임에는 변함이 없기 때문에) 전자는 실제로 일어난 것을 이야기하고, 후자는 일어날 수 있는 것을 이야기한다는 점에 있다. 따라서 시는 역사보다 더 철학적이고 더 진지하다.

보편적인 것을 이야기한다 함은(비록 시가 등장인물들에게 어떤 특정한 이름을 부여한다고 하더라도) 이런 또는 저런 유형의 인간이 개연적으로, 또는 필연적으로 말하거나 행할 수 있는 일을 이야기함을 의미한다. 개별적인 것을

이야기한다 함은 이를테면 알키비아데스가 무엇을 행하였
으며 무엇을 경험하였는가를 이야기함을 말한다.

—아리스토텔레스 〈시학〉 중에서

(B)

지금은 남의 땅—빼앗긴 들에도 봄은 오는가

나는 온몸에 햇살을 받고,
푸른 하늘 푸른 들이 맞붙은 곳으로,
가르마 같은 논길을 따라 꿈속을 걸어가듯 걸어만 간다.

입술을 다문 하늘아, 들아,
내 맘에는 내 혼자 온 것 같지를 않구나.
네가 끌었느냐, 누가 부르더냐. 답답워라. 말을 해다오.

바람은 내 귀속에 속삭이며,
한 자욱도 섰지 마라, 옷자락을 흔들고.
종조리는 울타리 너머 구름 위에서 반갑다 웃네.

고맙게 잘 자란 보리밭아,
간밤 자정이 넘어 내리던 고운 비로

너는 삼단 같은 머리를 감았구나, 내 머리조차 가뿐하다.

혼자라도 가쁘게나 가자.
마른 논을 안고 도는 착한 도랑이
젖먹이 달래는 노래를 하고, 제 혼자 어깨춤만 추고 가네.

나비, 제비야, 깝치지 마라.
맨드라미, 들마꽃에도 인사를 해야지.
아주까리기름을 바른 이가 지심매던 그 들이라 다 보
고 싶다.

내 손에 호미를 쥐어다오.
살찐 젖가슴 같은 부드러운 이 흙을
발목이 시리도록 밟아도 보고, 좋은 땀조차 흘리고 싶다.

강가에 나온 아이와 같이,
짬도 모르고 끝도 없이 닫는 내 혼아,
무엇을 찾느냐, 어디로 가느냐, 우스웁다, 답을 하려무나.

나는 온몸에 풋내를 띠고,
푸른 웃음, 푸른 설움이 어우러진 사이로,
다리를 절며 하루를 걷는다. 아마도 봄 신령이 지폈나

보다.

그러나 지금은―들을 빼앗겨 봄조차 빼앗기겠네.

―이상화 "빼앗긴 들에도 봄은 오는가"

(C)

일본은 소위 토지조사사업을 한국에서의 토지소유의 근대화 작업이라고 하였다. 그러나 이것은 일본의 토지 강탈이었다. 이로 인하여 일본인 대지주가 증가하였고, 한편 지난날의 양반들 중에서 지주가 되어 과거의 특권을 물려받은 자들도 있었다.

그러나 경작자인 많은 농민은 영세 소작농으로 전락할 수밖에 없었다. 그들은 이제 계약에 의한 소작인이 되었기 때문에 점차 토지소유권으로 성장해가던 경작권을 빼앗기는 보다 불리한 위치에 놓이게 되었다. 또 자작농이라 할지라도 지극히 적은 농토밖에 소유하지 못하는 영세농이 절대적인 비중을 차지하였다. 그러므로 소작을 겸해야 하는 경우가 많았다.

따라서 지주의 수는 물론 자작농이 차지하는 비중도 극히 적었던 것이다. 즉, 다음 표에 나타난 1916년의 통계에 의하면 전 농가호수 약 264만 중에서 지주가 불과 2.5%인 6.6만 가량, 자작농이 20%인 53만 가량인데 대하여, 자작 겸 소작농은 40.6%인 107만 가량, 순소작농은 36.8%인

97만 가량이었다. 후 양자의 합계는 204만으로 전농가의 77.4%를 차지하고 있는 것이다. 그리고 이들의 대부분, 즉 전 농가호수의 약 60%인 150만 가량이 1정보 미만의 적은 토지를 경작하고 있었다.

이렇게 전락한 영세농민들의 생활은 비참할 수밖에 없었다. 1924년의 총독부 통계에 의하더라도 전 농가 2,728,921호 중에서 1년의 수지가 적자인 호수는 1,273,326호로서 백분비로 하면 약 44.6%였던 것이다. 즉, 한국 농가의 약 반은 매년 빚을 져야만 살아갈 수 있었다. 그러나 실제로는 이 공식 통계 이상으로 그 수가 많았을 것임이 분명하다. 가난한 농민들은 식량이 부족하면 풀뿌리나 나무껍질을 벗겨 먹어야 했다. 그 수는 총독부 자신의 언명에 의하더라도 전 농가의 반을 넘었다.

일제의 식민정책 밑에서는 이러한 추세는 시간이 흐르면서 더욱 촉진되었다. 자작농과 자작 겸 소작농은 소작농으로 몰락하여 그 수가 부쩍 늘게 되었다. 그리고 일본인 지주가 늘어갔다. 우리는 이를 다음과 같은 통계 숫자에 의하여 알 수가 있다. 즉, 1919년에 지주는 전 농가의 3.4%이던 것이 1930년에는 3.6%로 증가하였는데, 이것은 일본인 지주의 증가에 의한 것이었다. 자작농은 같은 기간에 19.7%로부터 17.6%로, 자작 겸 소작농은 39.3%로부터 31%로 각각 상당히 감소되었고, 반면에 소작농은 37.6%로부터 46.5%로 격증하였던 것이다.

소작농이 지주에게 내는 소작료는 생산량의 2분의1이 평균으로 되어 있었다. 게다가 소작농들은 비료대, 수리조합세, 곡물운반비, 지세 등을 부담하였고, 또 지주에게 노동력을 제공하였다. 농민의 생활이 점점 곤란하여질 것은 당연한 일이었다. 이리하여 화전민이 격증하여 갔다. 즉, 1916년에 화전민 수가 245,626이었는데, 1927년에는 697,088로 3배 가까이 증가하였다. 또 만주나 일본으로 이주하는 사람의 수도 해를 따라 증가하였다. 1927년에는 56만 가량이던 만주의 이민 수는 1936년에는 무려 89만으로 증가하였다. 또 1910년에는 250명에 지나지 않던 일본에 이민한 한국인 수는 1930년에는 30만으로, 1939년에는 96만으로 증가하였던 것이다. 만주에 가서 농업을 하거나 일본에 가서 노동을 하거나 간에 그들의 생활은 한결같이 비참한 것이었다. 뿐만 아니라 원주민들과의 알력으로 인하여 만주에서는 만보산 사건 같은 불행한 일이 벌어졌고, 이러한 사건은 일본의 중국 침략에 악용되었다.

—이기백 〈한국사 신론〉 중에서

⟨2007 대입 고려대 논술 정시⟩

[논제] 다음 네 개의 제시문은 하나의 공통된 주제와 관련된 글이다. 그 주제를 말하고, 제시문 간의 연관 관계를 설명하시오. 그리고 그 주제에 관한 자신의 생각을 논술하시오.

(가)

옛날 순(舜)임금이 기(夔)에게 "너로 하여금 음악을 관장하게 하니 천자와 경대부의 장자(長子)들을 가르쳐라"고 명하였다. '음악을 관장한다'는 것은 단지 음악을 관장한다는 의미일 뿐인데 어찌하여 순임금은 기에게 사람들을 가르치라고 하였을까.

사람은 저절로 선해질 수 없고, 반드시 가르침을 받은 뒤에야 선해지는 것은 무엇 때문인가. 여러 감정들이 서로 부딪쳐 조화를 이루지 못하면 마음도 조화를 이루지 못하고, 마음이 조화를 이루지 못하면 신체도 조화를 잃어 행동이 모두 올바른 법도를 잃게 되기 때문이다. 그래서 성인이 여러 악기의 음을 만들어 아침저녁으로 사람들의 귀에 들려주고 마음속에 넣어주어 그 혈맥을 움직이게 함으로써 화평하고 온화한 뜻을 발동시키려고 하였던 것이다

순임금의 음악인 소(韶)가 완성되자 백관의 우두머리들이 진실로 화합하고 우빈(虞賓)*이 덕으로 사양하였다. 그 효과가 이와 같았으니 사람을 가르칠 때 반드시 음악

을 사용하는 것이 마땅하지 않은가. 그래서 천자는 사면(四面)에, 제후는 삼면(三面)에 악기를 걸어두고 연주한 뒤에야 음식을 먹었고, 천천히 걸을 때는 사하(肆夏)라는 악곡을 연주하고 빨리 걸을 때는 채자(采齊)라는 악곡을 연주하였으며, 서민들도 까닭 없이는 금슬(琴瑟) 연주를 그만두지 않았던 것이다.

음악이 아니면 성인의 도를 행할 수 없고, 제왕의 통치를 이룰 수 없고, 천지만물의 정을 조화시킬 수 없다. 음악의 공덕(功德)이 이와 같이 넓고 깊고 높은데도 하은주(夏殷周) 삼대 이후로 오직 음악만이 다 사라졌으니 슬프지 아니한가. 좋은 정사와 착한 풍속이 이 세상에서 사라진 것은 음악이 망했기 때문이니 천하를 다스리는 사람은 마땅히 관심을 기울여야 한다.

* 우빈(虞賓): 순임금에게 제위를 물려준 요(堯)임금의 아들 단주(丹朱)를 가리킴.

(나)

예술을 특정 목표를 달성하기 위한 수단으로 여기고 그 효용만 강조하는 풍조는 예술가들을 타락시킬 뿐만 아니라 예술의 죽음을 초래할 수 있다. 보들레르는 당대 사람들이 예술의 근본 개념을 망각하고 오직 단기적인 효용에만 집착하여 시에서 어떤 교훈을 기대하고 있다고 비판했다.

　　보들레르가 비판했던 예술 효용론자들은 예술이 직접적이고 즉각적인 효용성을 가져야 하며 상황에 호응하고 종속되어야 한다고 주장했다. 사회가 어느 때 어떤 문제에 몰입하여 있으면, 예술 역시 그 문제를 해결하는 일에 우선적으로 동참해야 한다는 것이었다. 한편 도스토예프스키는 사회가 예술에게 역할을 희망할지언정 요구해서는 안 된다고 주장했다. 왜냐하면 예술의 탄생을 가능케 하는 기본 원리는 영감의 자발성과 창조의 자유에 있는데 이미 정해진 목표를 예술에 부과하게 되면 그 자발성과 자유가 억압되어 예술 자체를 몰락시킨다고 보았기 때문이다. 그래서 도스토예프스키는 효용론자들이 예술을 싸구려로 취급하고, 예술 자체를 사랑하지 않으며, 그토록 효용성을 주장하면서도 예술이 궁극적으로 어디에 유용한지를 이해하지 못한다고 비판했다.

　　"예술의 이상이 우리 시대 공통의 이상과 합치하지 않는 것은 어찌된 일인가?" 또는 "왜 예술은 현실에 충실하지 않는가?"라는 문제를 제기하는 사람들에게 프랑스 소설가인 프루스트는 다음과 같이 대꾸했다. "예술이 현실과 괴리되어 유용한 목적에 상응하지 않는 것처럼 보는 사람이 있다면, 그것은 예술이 어떠한 절차로 효용성을 발휘하는지를 그가 정확히 모르기 때문이다. 또한 예술의 즉각적이고 직접적인 효용성에 대한 욕구는 너무나 철없는 것이어서 마

치 하늘에 떠 있는 태양을 따 달라고 보채는 어린애의 욕구
와 비슷하다.” 프루스트는 예술에게 특정한 목표를 강요해
서는 안 된다고 보았다. 사회의 지침이 없어도, 예술은 자연
스럽게, 스스로, 또 자연의 법칙에 따라 인간의 희원(希願)
과 필요에서 절대로 멀리 떨어져나가지 않는 속성을 가지
고 있기 때문이다.

(다)

　　자본주의가 발전하면서 시장은 예술의 생산과 소비에
큰 영향을 미치게 되었다. 과거와 달리 예술가들은 익명의
구매자들에게 판매하기 위해 작품을 만들고, 그 작품은 시
장을 통해 유통된다. 이제 많은 예술품들이 산업 경제의 대
량생산 모델을 좇아 제작되고 판매되며 유행이 끝난 후에
는 시장에서 사라진다. 일부 비판적 이론가들은 상업화가
예술의 타락과 소외를 초래했다고 주장한다. 이 주장에 따
르면, 예술 산업은 창작품을 천박한 상품으로 만들어 버린다.
예컨대 완전무결하게 구성된 색채들이 흔해빠진 벽지의 무
늬로 응용되어 버리는 것이다.

　　그러나 예술 시장의 활성화가 사회 · 경제적으로 여러
가지 긍정적인 결과를 가져온 것도 사실이다. 예술품에 대
한 접근성이 증가하면서 잠재적 예술 소비자들이 크게 늘
어났다. 또 예술 시장의 팽창과 활성화는 재능 있는 젊은이

들을 예술계로 유인하고 안정된 창작 활동을 보장하여 예술의 발전에 기여한다. 예전에 비해 더 많은 신진 예술가들이 경제적으로 훨씬 독립적인 상황에서 예술 활동에 전념할 수 있다.

이제 예술은 다른 어느 분야에 못지않게 큰 부가가치를 창출하는 산업으로 자리 잡았다. 소설이 블록버스터 영화로 제작되어 세계인들을 열광시키기도 하고, 전위적 비디오 예술이 음악 전문 채널의 인기 프로그램으로 제작되기도 하며, 순수미술 작품이 새로운 디자인 개발이나 산업적 발명에 영감을 제공하기도 한다. 이제 예술이 경제 활성화에 크게 이바지한다는 점은 분명해 보인다. 예술은 화랑, 영화, 라디오, 텔레비전처럼 직접적으로 예술 상품을 다루는 분야뿐만 아니라 패션, 광고, 출판, 관광, 실내 장식 등 여러 산업 분야에서 경제적 가치를 창출한다. 예술이 과거보다 훨씬 더 큰 산업 유발효과를 가진다는 점을 보여주는 자료들은 많다. 최근 자료에 따르면, 뉴욕시에서 예술 산업은 매년 110억 달러의 경제적 파급효과를 낳고, 13만 개에 달하는 일자리를 창출한다. 연극이나 미술 작품을 관람하기 위해 뉴욕시를 찾는 예술 관련 관광객들은 연간 25억 달러를 뉴욕 시내에서 소비한다. 뉴욕시에서는 예술 산업이 광고, 호텔 경영, 기업 운영 상담, 컴퓨터 및 데이터 처리 서비스 못지않은 경제적 효과를 낳는다.

(라)

　　과학은 진리를 밝히고 예술은 감상자에게 만족을 준다는 주장이 있다. 그러나 만족을 예술이 추구하는 미의 기준으로 삼기는 어렵다. 한 예술 작품에 대한 만족의 수준이나 양상이 감상자마다 일정할 수 없기 때문이다. 좋은 아궁이가 고르게 집을 데우는 것처럼 좋은 과학 이론은 그것에 관련된 사실을 명료하게 설명한다. 과학과 예술은 상징화라는 면에서 서로 유사하다. 과학 이론이 사실을 설명하는 상징적 체계라면 예술 작품도 사실에 대한 상징으로 존재한다. 예술 작품은 사실을 단순히 재현하는 것이 아니라 사실의 상징화를 통해 미를 추구한다. 그 같은 상징화의 능력이 예술 작품으로 하여금 미래의 우연성에 대처할 능력과 기술을 발전시키도록 한다는 견해도 있다. 다시 말해 예술이 과학처럼 현실적인 목적을 위해 복무할 수 있다고 보는 것이다. 그 견해에 따르면 예술은 창조적 상상력을 통해 과학적 영감을 자극하고, 시장가치의 실현을 통해 수익을 창출하며, 인간 심성의 순화를 통해 사회의 안정에 기여한다. 모든 가치가 현실적 유용성으로 환원된다는 신념을 지닌 사람들은 예술의 심미적 경향을 현실적 유용성과 결합시키려는 의도에서 그러한 견해를 고수한다.

　　그러나 예술 작품이 감상자에게 주는 만족감과 예술 작품이 추구하는 미가 언제나 일치하는 것은 아니다. 예술 작품의 감상자가 경험하는 만족의 수준이나 양상은 물질에서 정신에 이르기까지 다양하게 분포한다. 심미적인 경향이 고통을 불러오는가 하면 만족스러움에도 불구하고 심미적이지 않은 경우도 있다. 따라서 예술 작품의 상징화 작업을 현실적 유용성과 결부시키는 견해는 부적절하다. 그 작업은 인간의 어떤 성향에서 비롯하며 인간으로서 그 성향을 억누르기 어렵다고 보아야 한다. 심미적인 경험을 실현하는 예술가는 신나게 뛰어노는 강아지와 같거나 충분한 물을 발견한 후에도 끈덕지게 우물을 파는 사람과 같다. 예술은 실용적이 아니라 충동적이다. 개는 개이기 때문에 짖고, 인간은 인간이기 때문에 대상을 상징화한다. 현실적인 필요가 없음에도 단지 멈출 수 없어서, 그리고 너무 재미있어서 인간은 상징화를 계속한다.

〈유의사항〉

1. 답안에는 자신을 드러내는 표현을 쓰지 말 것.

2. 논술문의 제목은 쓰지 말 것.

3. 제시문을 단순히 요약하거나 옮겨 쓰지 말 것.

4. 분량은 띄어쓰기를 포함하여 총 1,600±100자가 되게 할 것.

〈2005 대입 이화여대 논술 정시〉

[문제] (가), (나), (다)는 환상, 신화, 축제와 같은 비일상적인 것들의 의미를 기술하고 있다. 제시문 (라)에 대한 찬반의 입장을 정하여 현대 사회 안에서 비일상성이나 비현실성이 지니는 기능을 논하시오. (1,400–1,600자)

(가)

　　환상문학은 문화적 질서가 의존하고 있는 토대를 제시한다. 왜냐하면 그것은 무질서, 불법적인 것, 법과 지배적 가치체계 바깥에 놓여 있는 것들을 짧은 순간 열어 보이기 때문이다. 환상적인 것은 문화의 말해지지 않은 부분, 보이지 않는 것, 즉 지금까지 침묵을 강요당하고 가려져 왔으며 은폐되고 부재하는 것으로 취급되어온 것들을 추적한다. 다시 말해 환상문학은 꺾이지 않는 욕망, 즉 이미 존재하거나 실제로 보일 수 있도록 허용된 것들과는 대립되는, 아직 존재하지 않거나 또는 존재하도록 허용된 적이 없는 것, 들어보지 못한 것, 보이지 않는 것, 상상적인 것에 관한 열망에 대해 말한다. 나아가 환상문학은 거부나 전복을 통해 급진적인 문화적 변형의 가능성을 확립하려 한다.

(나)

　　신화가 없다면 모든 문화는 건강하고 창조적인 자연

적 능력을 잃게 된다. 신화로 둘러싸인 지평선 속에서 비로소 문화의 움직임 전체는 하나로 통일, 완결되는 것이다. 상상력과 아폴론적 꿈의 모든 힘들은 신화를 통해서야 비로소 정처 없는 방랑에서 구제된다. 신화의 형상들은 보이지 않게 어디에나 존재하는 마적(魔的)인 파수꾼이어야 한다. 이 파수꾼의 비호를 받으며 젊은 영혼은 자라나게 되고, 어른은 자기 삶과 투쟁을 그 표식에 비추어 해석한다. 국가에서도 신화적 토대보다 더 강력한 힘을 지닌 불문율은 없다. 왜냐하면 신화적 토대는 국가를 신화적 표상으로부터 자라나게 하고, 국가와 종교와의 관계를 보장해 주기 때문이다.

이제 신화에 의한 이끌림이 없는 추상적 인간, 추상적 교육, 추상적 풍습, 추상적 법률, 추상적 국가를 상상해 보라. 그 어떤 고유한 신화에 의해서도 제어되지 않는 무절제한 예술적 상상력의 방황을 눈앞에 그려보라. 확고하고 신성한 근원을 갖지 못하여 자신의 모든 가능성을 고갈시키고, 그리하여 다른 문화에 기생할 수밖에 없는 어떤 문화를 상상해 보라. 이것이 오늘날의 모습으로서, 신화를 말살하려 했던 저 소크라테스주의가 초래한 결과이다. 이제 신화를 상실한 인간은 영원히 굶주리며 모든 지나간 것들 사이에 서서 자신의 뿌리를 찾아 땅을 파헤치고 있다.

(다)

중세의 엄숙성은 한편으로는 두려움, 허약함, 비하, 굴종, 거짓, 위선의 요소들로, 다른 한편으로는 폭력, 위협, 협박, 금지로 채워져 있었다. 이 엄숙성은 탄압과 강제와 금지를 통해서 권력을 대변했다. 그러한 까닭에 중세의 엄숙성은 민중의 불신을 불러일으켰다. 엄숙성은 공식적인 분위기를 담고 있었으며, 공식적인 모든 것처럼 거역할 수 없는 것으로 받아들여졌다. 그것은 억압적이었고, 두려움을 불러일으켰으며, 제약적이었고, 왜곡했으며, 위선의 마스크를 썼다. 엄숙성은 금식(禁食)의 순간에도 탐욕스러웠다. 그러나 축제의 광장과 주연(酒宴)의 식탁에서 그 가면이 벗겨지면 웃음, 바보스러움, 무례함, 욕설, 패러디, 풍자를 통해서 다른 진실이 드러났다. 모든 두려움과 거짓은 세속적이고 육체적인 축제의 원리 앞에서 스러졌다.

(라)

소설에는 세 가지 의혹된 바가 있다. 헛것을 내세우고 빈 것을 천착하며, 귀신을 논하고 꿈을 말하였으니 지은 사람이 첫 번째 의혹이요, 허황된 것을 감싸고 비루한 것을 고취시켰으니 논평한 사람이 두 번째 의혹이요, 귀중한 시간을 허비하고 경전(經典)을 등한시했으니 탐독하는 사람이 세 번째 의혹이다. 소설을 지은 것도 옳지 못한 일인데 무슨 심정으로 평론까지 붙여놓았단 말인가? 평론한 것도 옳지 못한 것인데 〈삼국지〉 또는 〈수호전〉을 속집(續集)까지 만든 자가 있었으니, 그 비루함을 더욱 논할 나위가 없다. 슬프다! 더욱 심한 자는 음란한 더러운 일을 늘어놓고 괴벽한 설을 부연하여 보는 사람의 눈을 기쁘게 하기에 힘쓰면서 부끄러워할 줄을 모른다. 내가 일찍이 보건대, 소설들 서목(書目) 중에 연의(演義)를 개척한 것도 있는데, 비록 펼쳐 보지는 않았지만 그 명목만 보아도 너무 괴상하다.

미국에서 1억부 이상 판매된 기적의 논술가이드
클리프노트가 한국에 상륙했다!!

방대한 고전을 하루만에 독파하는 스피드
다락원 명작노트 **CliffsNotes™** 시리즈는

▶ 미국대학위원회, 서울대, 연·고대 추천 고전을 알기 쉽게 재구성한 대한민국 대표 논술교과서입니다. ▶ 작품의 핵심내용과 사상, 역사적 배경, 심볼, 작가의 의도 등을 명확하게 정리하여 방대한 원작을 쉽고 빠르게 이해할 수 있게 해줍니다. ▶ 미국에서 리포트, 논술용으로 1억 부 이상 팔린 초베스트셀러의 명성에 비평적 사고와 논리적 글쓰기의 모델을 제시하는 〈一以貫之〉의 논술 노트를 통해 사고 능력, 읽기 능력, 쓰기 능력을 체계적으로 길러줍니다.

★ 〈一以貫之〉 논술연구모임: 대입 논술이 시작될 때부터 학원과 학교에서 논술을 가르쳐온 전문가들의 모임입니다. 현재 서울·분당·평촌·인천·광주·부산·울산 등의 유명 학원과 고등학교의 논술강의 현장에서 학생들이 '자신의 물음'과 '자신의 생각'을 갖고 '자신의 글'을 쓸 수 있도록 도와주고 있습니다.

다락원 명작노트 **CliffsNotes™** 시리즈 50권 출간

001 걸리버 여행기　002 동물농장　003 허클베리 핀의 모험　004 호밀밭의 파수꾼　005 구약 성서

006 신약 성서　007 분노의 포도　008 빌러비드　009 이반 데니소비치의 하루　010 카라마조프 가의 형제들

011 순수의 시대　012 안나 카레니나　013 멋진 신세계　014 캉디드　015 캔터베리 이야기　016 죄와 벌

017 크루서블　018 몽테크리스토 백작　019 데이비드 코퍼필드　020 프랑켄슈타인　021 신곡

022 막대한 유산　023 햄릿　024 어둠의 심연 外　025 일리아드　026 진지함의 중요성　027 제인 에어

028 앵무새 죽이기　029 리어 왕　030 파리대왕　031 맥베스　032 보바리 부인　033 모비딕

034 오디세이　035 노인과 바다　036 오셀로　037 젊은 예술가의 초상　038 주홍 글씨　039 테스

040 월든　041 워더링 하이츠　042 레미제라블　043 오만과 편견　044 올리버 트위스트　045 돈키호테

046 1984년　047 이방인　048 율리시스　049 실낙원　050 위대한 개츠비

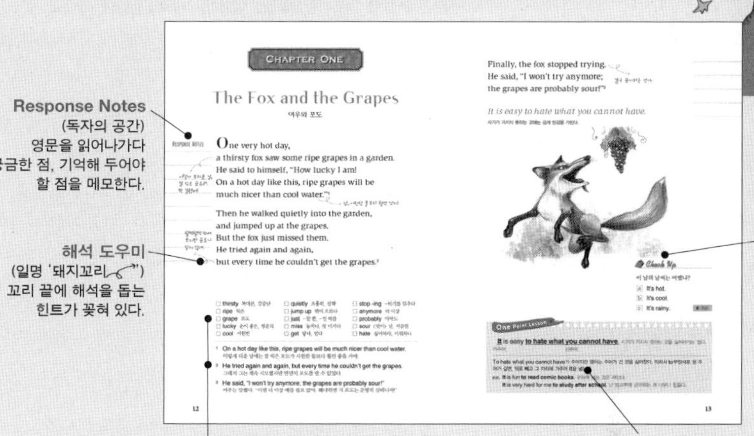

Response Notes
(독자의 공간)
영문을 읽어나가다
궁금한 점, 기억해 두어야
할 점을 메모한다.

해석 도우미
(일명 '돼지꼬리')
꼬리 끝에 해석을 돕는
힌트가 꽂혀 있다.

Check-Up
내용 파악이
잘 되었는지 확인.

주요 어휘 및 문장 해석

One-Point Lesson
주요 문법사항이나 표현에
대한 심층 분석 코너.

✛ 실력 굳히기 ✛

실력에 맞게 효과적으로 끊어 읽으며 직독직해 훈련을 한다.

★ 영어의 맛 ★
제대로 느끼기

영문판 원서 도전을 위한
전 단계의 준비과정이다.

Grade 3 — Pre-intermediate

600 words

Grade 4 — intermediate

800 words

Grade 5 — Upper-intermediate

1000 words

패턴 따라 쉽게 쓰는 틴틴 영어일기 1, 2

❶ 일상생활 패턴정복
❷ 학교생활 패턴정복

중학교에 다니는 여학생과 남학생이 각각 일상생활과 학교생활을 중심으로 1년간의 일을 쉽고 재미있게 쓴 영어일기. 중학생이라면 누구나 한번쯤 겪어봤을 만한 일들을 바탕으로 한 다양한 일기 소재와 어휘가 제공되어 있기 때문에, 영어일기를 통해 영작을 연습하려는 학습자에게 큰 도움이 될 수 있는 교재이다. 중·고생뿐만 아니라, 중학 영어를 미리 예습하려는 예비 중학생들에게도 아주 효과적인 영어 학습서로 강추!

☐ 정미선 지음 / 4·6배 변형 / 192면
☐ 정가 10,000원 (오디오 CD 1개 포함)

Teen Teen Diary (전3권)

❶ 매일 10단어로 뚝딱 중학생 영어일기

중1 수준의 어휘와 문장으로, 영어일기와 일상회화에 대한 감각을 익힌다.

☐ 정미선 지음 / 신국판 / 144면
☐ 정가 7,500원 (테이프 1개 포함)

❷ 매일 5문장으로 술술 중학생 영어일기

중2 수준의 어휘와 문장으로, 영어일기에 친숙해지고 자신감을 쌓는다.

☐ 정미선 지음 / 신국판 / 152면
☐ 정가 7,500원 (테이프 1개 포함)

❸ 매일 내맘대로 쓱싹 중학생 영어일기

중3 수준의 어휘와 문장으로, 중학영어를 마스터하고 미국의 일상회화에 익숙해진다.

☐ 정미선 지음 / 신국판 / 144면
☐ 정가 7,500원 (테이프 1개 포함)

지니의 미국생활 영어일기 Hello! America (전2권)

❶ 가을학기 ❷ 봄학기

어느 한국 여학생의 미국생활 이야기를 일기 형식으로 담은 책. 1권은 '가을학기', 2권은 '봄학기'편으로, 총 1년간의 미국 학교생활 및 일상생활에 관한 흥미로운 이야기들이 담겨 있다. 미국 학생들의 실생활을 바탕으로 한 탄탄한 스토리로 살아 있는 현지 영어와 미국문화를 체험할 수 있을 뿐만 아니라, 영어 독해 및 영작 연습을 할 수 있는 아주 유용한 교재이다.

☐ 이지현 지음 / 국배판 변형 / 152면
☐ 정가 8,500원